Kath Clements
Vegan

Kath Clements

Vegan

Über Ethik in der Ernährung & die Notwendigkeit eines Wandels

EchoVerlag

Die Originalausgabe erschien 1995 unter dem Titel
Why Vegan: The Ethics of Eating & the Need for Change
im Verlag Heretic Books Ltd., London
Deutsch von Daniel Bauer und Lars Thomsen

Bibliografische Information der Deutschen Bibliothek
Die Deutsche Bibliothek verzeichnet diese Publikation in der Deutschen Nationalbibliografie; detaillierte bibliografische Daten sind im Internet über http://dnb.d-nb.de abrufbar.

6. Auflage, Nachdruck 2014
Überarbeitet, aktualisiert und mit einem Extra-Kapitel versehen von Sebastian Zösch
Redaktion: Andrea Clages und Dr. Edmund Haferbeck

Design: Sigrun Bönold
Herstellung: Die Werkstatt GmbH, Göttingen
Printed in Germany
ISBN 978-3-926914-28-6

Inhaltsverzeichnis

Vorwort zur sechsten Auflage Seite 7
Why vegan? – Warum vegan? von Ingrid Newkirk

Geleitwort Seite 9
von Prof. Dr. C. Leitzmann

1. Vegan – Warum? Seite 11
Vegan – der Begriff • Welternährungssituation • Fleisch und Milch: Über einen Mythos

2. Die Nahrungsmittelindustrie Seite 18
Wirtschaft • Die großen Konzerne

3. Auf dem Bauernhof Seite 25
Massentierhaltung • Milchproduktion • Tierdung • Gesunder Boden – gesunde Landschaft • Notwendige Veränderungen

4. Ökologische Aspekte der Nahrungsmittelproduktion Seite 34
Das Land • Das Meer • Die Zukunft

5. Ernährung Seite 39
Unsere natürliche Nahrung • Gesundheitsrisiken beim Fleischverzehr • Gesundheitsrisiken durch Milchkonsum • Mythos Eiweiß • Andere Nährstoffe • Vitamin B_{12} • Vitamin D • Kalzium • Eisen • Fette • Täglicher Bedarf • Warum (strikt) vegan?

6. Die Ausbeutung der Tiere Seite 59
Die Wirklichkeit des Schlachtens • Der Alltag in der Massentierhaltung • Die Milchkuh • BSE • Die Eierproduktion • Der Mythos des Jägers • Unsere Gefangenen: Die Haustiere • Zoos • Die Doppelmoral • Verantwortungsvoller Konsum

7. Fleisch und Krieg Seite 80
Die ersten Krieg • Nahrung und internationale Verflechtungen • Die Zukunft

8. Vegan essen Seite 88
Die Macht der Gewohnheit • Die Grundzüge veganer Ernährung • Mahlzeiten für typische 14 Tage im Sommer • Weitere Anregungen

9. Vegane Babys Seite 102
Der einfache Ansatz • Ernährung des Babys • Kinderfeste

Rezepte Seite 110
Nährwertübersicht Seite 121

Quellenverzeichnis Seite 123

Über die Autorin Seite 126

VEGAN – Eine Bewegung startet durch! Seite 127
Klima • Welthungerkrise • Gesundheit • Philosophie • Politik • Organisationen • Wirtschaft

Literatur Seite 138
Adressen Seite 140

Vorwort zur sechsten Auflage
Why vegan? – Warum vegan?

Weil Sie grüne Felder und Bäume lieben, die Vögeln ein Zuhause sind, und Flüsse, in denen die Fische furchtlos schwimmen können. Weil Ihnen Umweltschutz und die Natur etwas bedeuten, weil Sie gerne guten Boden, glitzernde Bäche und saubere Luft zum Atmen haben.

Weil es Sie anwidert, dass zahlreiche und immer mehr werdende Massentierhaltungsanlagen und Schlachthöfe unsere Umwelt immer weiter zerstören und direkt zu verheerenden Land-, Luft- und Wasserverschmutzungen beitragen.

Weil wir den Klimawandel nicht mehr in Frage stellen können. An ihm sowie der Rodung der Wälder und der Ausrottung von Tierarten ist die menschliche und tierische Überpopulation unseres Planeten zu erkennen. Weil das Ökosystem unserer Meere stirbt. Die Probleme werden sich nicht von selbst lösen.

Warum vegan?

Weil Sie länger leben wollen und verstopfte Arterien, Lebensmittelvergiftungen, ein erhöhtes Krebs- und Herzkrankheitsrisiko sowie zahlreiche weitere Gesundheitsprobleme vermeiden möchten.

Weil Sie mehr gegen den Welthunger und Hungersnöte tun wollen, als nur ein paar Euros für den Spendenaufruf in der Zeitung zu geben. Weil man eine unglaubliche Menge an Wasser verbraucht, um Futtermittel herzustellen und die Tiere zu ernähren. Weil Wasser- und Nahrungsknappheit in den sogenannten Dritte-Welt-Ländern deshalb permanent vorhanden sind und zunehmen.

Weil Sie die grauenvollen und herzzerreißenden Misshandlungen an Tieren beenden wollen, die in der Massentierhaltung ausgebeutet, gequält (anders kann man es nicht nennen) und in den Schlachthäusern getötet werden. Weil Sie keine Industrie unterstützen wollen, die Hühner bei lebendigem Leib verbrüht, wo ihre Schreie die Schreie von Kindern sind, und auch keinen Handel, bei dem Kühe an ihren Knöcheln am Fließband aufgehängt werden, vollkommen verängstigt, die Augen weit aufgerissen und um Atem ringend.

Weil Sie, sollten Sie Kinder haben, das beste Beispiel für sie sein können und ihnen so den Weg zu einem gesunden Leben ebnen. Weil unsere Pflegeheime voll von Menschen sind, die mit Sauerstoff versorgt werden und an Krankheiten leiden, die direkt vom Milchkonsum herrühren.

Weil Schweine noch intelligenter sind als Hunde und sich, wenn man ihnen Gelegenheit dazu gibt, als genauso loyal und liebevoll wie Hunde erweisen – Ihnen erscheint es aus irgendeinem Grund nicht richtig, dass Leute ihren Hunden kleine Jacken stricken und dabei Schinkenbrote essen.

Warum vegan?

Weil es irgendwie komisch ist, dass Menschen die einzige Spezies auf dem gesamten Planeten sind, die die Milch anderer Tierarten trinken. Weil Sie sich beleidigt fühlen, wenn Ihnen die Milchindustrie ein Produkt voll von Laktose, Cholesterin, Chemikalien und Hormonen verkaufen will.

Weil eine vegane Ernährung gesünderes, stärkeres, glänzendes Haar, schöne Nägel und einen klaren Teint mit sich bringt. Weil Menschen, die Fisch essen, mit über 40 anfangen könnten, etwas zu müffeln. Weil Sie mehr Energie und einen niedrigeren BMI wollen.

Weil Carl Lewis, der neun olympische Goldmedaillen gewonnen hat, seinen Erfolg der veganen Ernährung zuschreibt und Sie auch fit sein wollen.

Weil alle starken Tiere der Welt – vom Elefanten bis zum Stier – vegan sind!

Warum vegan? Weil Ihre Religion oder Ihre persönliche Moral von Ihnen verlangt, sich anderen Geschöpfen gegenüber respektvoll zu verhalten.

Warum vegan? Weil Sie Geschichte schreiben wollen. Wie schon Peter Singer, Autor des Buches *Animal Liberation – Die Befreiung der Tiere* so prägnant gesagt hat: „Eines Tages aber werden mit Sicherheit die Kinder unserer Kinder, wenn sie lesen, was im zwanzigsten Jahrhundert in den Laboratorien geschah, das gleiche Entsetzen und die gleiche Ungläubigkeit empfinden, die uns befallen, wenn wir über die Gräuel in den römischen Gladiatorenarenen oder den Sklavenhandel im achtzehnten Jahrhundert lesen."

Weil Sie tief in Ihrem Herzen, Ihrer Seele und Ihrem Kopf schon vegan sind!

Viel Spaß beim Lesen – wer glücklich isst, ist auch glücklich!

Ingrid Newkirk
Präsidentin und Gründerin von PETA
Ins Deutsche übertragen von Nadja Kutscher

Geleitwort

Vegetarische Ernährungsformen stoßen in der Bevölkerung auf immer größer werdendes Interesse. Wissenschaftliche Untersuchungen weltweit zeigen, dass der Vegetarismus eine Vielzahl an gesundheitlichen, ökologischen und gesellschaftlichen Vorteilen bietet. Der strenge Vegetarismus, der Veganismus, beinhaltet eine konsequente Meidung tierlicher Produkte aller Art. Vegane Ernährung *kann* zu einer marginalen oder auch zu geringen Zufuhr wichtiger Nährstoffe führen, besonders bei Risikogruppen wie Kindern, Schwangeren und Stillenden. Die gut ernährten – weil entsprechend informierten – Veganer zeigen aber, dass eine Unterversorgung nicht zwangsläufig sein *muss*, sondern meist als Folge einer fehlerhaften Auswahl, Zubereitung und Zusammensetzung der Lebensmittel eintritt.

Falsche Ernährung dieser Art beruht in der Regel auf Unkenntnis, die sich dadurch erklärt, dass Veganer nicht nur aus gesundheitlichen Gründen, sondern auch aus ethischen, religiösen oder ökologischen Motiven den strengen Vegetarismus praktizieren. Diese Menschen sollten daher eine gezielte Beratung in Anspruch nehmen. Die positiven Aspekte des Vegetarismus sind bedeutsamer als die potenziellen Schwachpunkte und können helfen, global existierende gesundheitliche, ökologische und soziale Probleme zu lösen oder zu vermindern. Dazu zählen eine bessere Gesundheit der Menschen, eine weniger belastete Umwelt sowie eine gerechtere Verteilung der weltweit ausreichend zur Verfügung stehenden Lebensmittel. Diese umfassenden und nachhaltigen Auswirkungen werden aber nur eintreten, wenn sich genügend Menschen bereitfinden, diese Ernährungsweise zu praktizieren. Derzeit sind nur wenige Prozent der Deutschen Vegetarier*, davon sind weniger als zehn Prozent Veganer.

Übrigens werden Menschen selten *plötzlich* zu Veganern. Der Weg führt meist über eine der alternativen Kostformen – wie die Vollwert-Ernährung und den liberalen Vegetarismus – zum Veganismus. Diese Entwicklung kann Jahre, aber auch Jahrzehnte dauern.

---

* Drei unabhängige Erhebungen aus dem Jahre 2006 kommen zu dem Ergebnis, dass sich mittlerweile zwischen neun und elf Prozent der Deutschen vegetarisch ernähren. Dies entspricht zwischen sieben und neun Millionen Menschen.

Alle, die sich für die vielschichtigen Aspekte und Anliegen des Veganismus interessieren, finden in diesem Buch eine sehr aufschlussreiche Lektüre sowie Antworten auf die oft gestellten Fragen zu dieser Ernährungsform. Die Forderung, neben Fleisch und Fisch auch Milch und Eier zu meiden, mag zunächst schwierig oder auch unnötig erscheinen. Aus Sicht der Veganer gibt es jedoch genügend und teilweise zwingende Gründe für dieses Ernährungsverhalten.

Obgleich ich selbst kein Veganer bin, sondern ein liberaler Vollwertköstler mit Neigung zur vegetarischen Variante*, kann ich die Lektüre dieser Schrift für alle Interessierten wärmstens empfehlen. Die Darstellung ist schlüssig und daher überzeugend und glaubwürdig.

Den Vertretern des Vegetarismus wünsche ich viel Erfolg bei der Verbreitung ihres Lebensstils und die dazu erforderliche Geduld und Toleranz.

Prof. Dr. Claus Leitzmann
Institut für Ernährungswissenschaft, Universität Gießen, 1996

---

* Prof. Dr. Claus Leitzmann ernährt sich laut eigenen Angaben mittlerweile komplett vegetarisch.

KAPITEL EINS

Vegan – Warum?

Das Thema Ernährung betrifft jeden von uns. Essen ist eines unserer Grundbedürfnisse und könnte ein sehr erfreuliches Thema sein, das wir mit schönen Momenten und Festen verbinden. Doch in einer Welt, in der Unterernährung und Hunger einerseits, andererseits dagegen chronische Krankheiten und Essstörungen an der Tagesordnung sind, gehört dieses Thema heutzutage eher zu den traurigen. Im ersten Teil dieses Buches geht es um Verantwortung. Um die Verantwortung für sinnvollen Gebrauch oder Missbrauch natürlicher Ressourcen, die wir mit der Wahl unserer Nahrung tragen.

Als vegan lebend bezeichnen sich jene Menschen, die die Verwendung tierlicher Produkte in ihrer Ernährung sowie zur Bekleidung und zur Herstellung aller anderen Gebrauchsgüter ablehnen.

Dieses Buch ist mein Versuch, Menschen zu überzeugen und sie in die Lage zu versetzen, eine Ernährungsweise zu praktizieren, die tierliche Produkte ausschließt. Dies würde sich auf unsere eigene Gesundheit ebenso positiv auswirken wie auf die Gesundheit unseres Planeten. Gleichzeitig würden wir damit der außerordentlich ungerechten Verteilung der Nahrung auf der Welt entgegentreten. Die in den Einführungskapiteln umrissene Problematik wird Dir vielleicht als hoffnungslos erscheinen. Lies bitte trotzdem weiter – dann wirst Du sehen, dass Du an der Lösung teilhaben kannst!

Vegan – der Begriff

Der Begriff *vegan* entstand 1945 in Großbritannien als Wortschöpfung der neugegründeten Vegan Society. Als vegan lebend bezeichnen sich jene Menschen, die die Verwendung tierlicher Produkte in ihrer Ernährung sowie zur Bekleidung und zur Herstellung aller anderen Gebrauchsgüter ablehnen. Das Wort ist eine Abkürzung des englischen Wortes *vegetarian*, deutsch: vegetarisch. Das lateinische Stammwort *vegetare* bedeutet: erquicken, beleben. Hiervon ist wiederum das englische Wort *vegetable* für Gemüse, pflanzliche Kost abgeleitet.

Viele Menschen entschieden sich freilich aus ganz eigenen ethischen Gründen für die vegane Ernährung, ohne die Vegan Society* oder dieses neue Wort überhaupt gekannt zu haben. Andere, die erst später davon hörten, waren dankbar für die Anleitung und Unterstützung durch die Vegan Society. In jener Zeit, als der Veganismus noch nicht so weit verbreitet war wie heute, fanden viele Menschen (einschließlich meiner selbst) durch diese Organisation Hilfestellung und Aufklärung.

Heute praktizieren viele Tausende die vegane Ernährung ohne besondere Anleitung und ohne dies als einen besonders drastischen Schritt zu empfinden oder einer veganen Organisation beizutreten. Der unangenehme Beigeschmack, der dem Wort manchmal unterlegt wird – hauptsächlich in Kreisen, in denen aufgrund Informationsmangels Vorurteile und Spott die einzige Grundlage zur Verteidigung „traditioneller" Essgewohnheiten sind – verschwindet heute, in einer Zeit, in der bereits die zweite und dritte Generation gesunder VeganerInnen den Schauplatz betreten haben.

Veganismus ist die Folge einer konsequenten und beharrlichen Auseinandersetzung mit Menschenrechten und den Rechten der Tiere, mit Umweltschutz und den Ernährungsproblemen in der Welt.

Vegan lebende Menschen sind selbstverständlich Individuen mit eigenen Idealen, und sie entscheiden sich aus den unterschiedlichsten Gründen für ihre Ernährungs- und Lebensweise. In diesem Buch will ich versuchen, die wichtigsten Beweggründe hierfür aus Sicht einer Veganerin zu erläutern und Dir einige Gedanken über Ernährung und Essen zu vermitteln.

Im Veganismus geht es weder um das Basteln von Meisenkästen oder die liebevolle Pflege eines Goldhamsters, noch geht es um ein Leben im Wolkenkuckucksheim, wo der natürliche Kreislauf von Werden und Vergehen irgendwie aufgehalten werden könnte. Vegan lebende Menschen glauben nicht, dass allein die Zusammenstellung ihres Speiseplanes jede anthropogene Ursache für Leid und Tod im Tierreich ausschließen könnte. Die Felder, auf denen wir unsere Nahrung anbauen, nehmen vielen Tieren den natürlichen Lebensraum und bedeuten gleichzeitig, dass noch mehr Tiere als

---

* Vegane Gesellschaft, eine britische Nonprofit-Organisation. In Deutschland übernimmt diese Aufgabe größtenteils der VEBU (Vegetarierbund Deutschland), in Österreich die VGÖ (Vegane Gesellschaft Österreich) und in der Schweiz die SVV (Schweizerische Vereinigung für Vegetarismus).

Schädlinge bekämpft werden. Doch nicht allein Mitleid mit den Tieren bringt Menschen dem Veganismus nahe: Veganismus ist die Folge einer konsequenten und beharrlichen Auseinandersetzung mit Menschenrechten und den Rechten der Tiere, mit Umweltschutz und den Ernährungsproblemen in der Welt. Dies ist in der Tat eine ausgesprochen wichtige Thematik, denn wir alle sind in unserem Konsumverhalten verantwortlich für den Umgang mit den Rohstoffen der Erde und für die friedliche Koexistenz mit anderen Lebewesen auf diesem Planeten.

Welternährungssituation

Ein Hauptgrund für die Hinwendung zum Veganismus ist die hoffnungslose Ernährungssituation in der Welt. Die drohende Zerstörung des Planeten durch Atomwaffen oder Klimakatastrophen hängt wie ein Damoklesschwert über uns, und wir bangen um die Zukunft unserer Kinder. Millionen Eltern müssen bereits mit ansehen, wie ihre Kinder unter Bedingungen dahinvegetieren, die einer Nachkriegs-Hungersnot gleichkommen. Obwohl die weltweite Getreideproduktion in den letzten Jahren kaum unter 1 kg pro Tag für jede lebende Person gefallen ist, müssen jedes Jahr 12-13 Millionen Kinder an Hunger sterben (also eines alle zwei Sekunden); das entspricht einem Hiroshima alle drei Tage. Profitmacher und Politiker ermuntern uns zwar unermüdlich, für uns selbst einen immer höheren Lebensstandard anzustreben; dennoch müssen wir endlich die extreme Armut vieler anderer Nationen wahrnehmen.

Der übermäßige Verbrauch von Fleisch, Eiern und Milchprodukten im Westen unterstreicht am deutlichsten die ungerechte Verteilung der Nahrungsmittel auf der Erde, weil unsere Überflussgesellschaft nicht nur ihre Mitglieder, sondern darüber hinaus auch noch riesige Populationen sogenannter *Nutz*tiere durchfüttert.

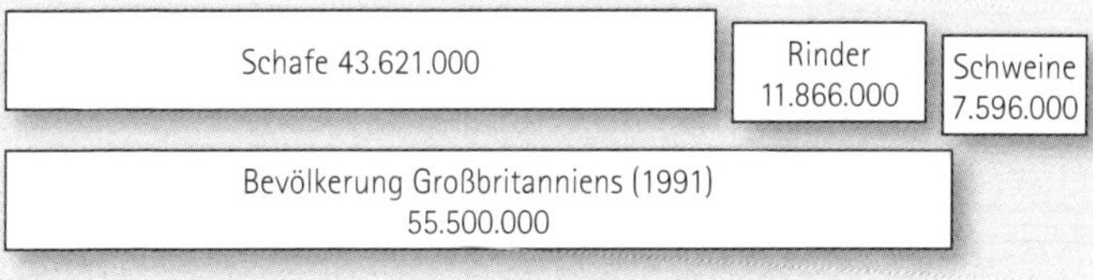

Darstellung des britischen Landwirtschaftsministeriums vom Juni 1992

Wie aus der Abbildung zu ersehen ist, übersteigt die Zahl der großen *Nutz*tiere in Großbritannien die seiner Einwohner. Global betrachtet „bevölkern gegenwärtig etwa 1,28 Milliarden Rinder die Erde. Sie beweiden fast 24% der Landfläche unseres Planeten und konsumieren Getreide in einer Menge, die ausreichen würde, um Hunderte Millionen Menschen zu ernähren.“[1]

Laut einer Broschüre der Vegetarian Society (GB) verbrauchen die Rinderherden weltweit Futtermengen in einer Größenordnung, die annähernd den doppelten Nahrungsenergiebedarf der menschlichen Weltbevölkerung decken würde. Gewaltige kommerzielle Interessen einerseits und z.T. künstlich erzeugte Essgewohnheiten und -bedürfnisse andererseits, veranlassen uns jedoch, diese Tatsachen beharrlich zu ignorieren. Tatsache ist auch, dass die Tiere in unseren Erzeugerbetrieben gewöhnlich mit pflanzlichem Protein gefüttert werden, das für direkten menschlichen Verzehr geeignet wäre, und dass ihr Futter oft in Ländern angebaut wird, in denen die Mehrheit der Bevölkerung unterernährt ist.* Gut 40% der Weltgetreideernte, 40-50% der weltweiten Fischereierträge sowie 25- 40% der Molkereiprodukte werden als Tierfutter verwendet.[2] Eine durchschnittliche Familie in den wohlhabenden Nationen verbraucht fünfmal mehr Getreide (inklusive Futtergetreide) als eine Familie der sogenannten Dritten Welt.

Fleisch und Milch: Über einen Mythos

Tierliche Produkte sind für ein gesundes Leben nicht notwendig; gleichwohl ist die Mehrheit der europäischen Bevölkerung fest davon überzeugt, dass Fleisch, Milch und Eier ein durchaus natürlicher, gesunder und unerlässlicher Bestandteil menschlicher Ernährung seien. Durch die Notwendigkeit, die ständig wachsende Bevölkerung unserer Großstädte mit tierlichem Eiweiß zu versorgen, ist die landwirtschaftliche Tierhaltung jedoch völlig unnatürlich und weit weniger gesundheitsverträglich geworden. Der Glaube daran, dass

Gut 40% der Weltgetreideernte, 40-50% der weltweiten Fischereierträge sowie 25-40% der Molkereiprodukte werden als Tierfutter verwendet.

* Eine ARD-Dokumentation die den Zusammenhang zwischen Welthunger und Fleischkonsum darstellt, trägt den passenden Titel: „Fleisch frisst Menschen“.

dem Fleisch und der Milch gleichsam magische Kräfte innewohnen, ist in unserer Kultur dennoch tief verwurzelt.

Hierfür gibt es soziale und historische Gründe, die in eine Zeit zurückreichen, in der es sich nur reiche Menschen leisten konnten, häufiger Fleisch zu essen. Die meisten Menschen aßen viel seltener und weniger Fleisch; wenn sie es taten, dann war es wahrhaftig das reichhaltigste Stück auf ihrem Teller. Die Bauernhöfe waren kleiner, die Bauern selbst wirtschafteten nach organischen Anbaumethoden und nutzten die natürlichen Kreisläufe. Doch solche Verfahren werfen heutzutage angeblich nicht mehr genügend Gewinn ab, so dass die Beschaffenheit des Fleisches eine andere geworden ist.

Die Geschichte zeigt, dass die Menschen steigende Mengen Fleisch verzehrten. Während das einfache Volk im Mittelalter sehr selten Fleisch aß, stieg der Fleischkonsum im Laufe der Jahrhunderte mit den wachsenden Möglichkeiten und Ansprüchen der arbeitenden Bevölkerung, besonders, als im 19. Jahrhundert die riesigen Prärieflächen der Neuen Welt für die Landwirtschaft erschlossen wurden. Heute leben wir in einer extremen Situation: Die meisten Menschen der westlichen Welt könnten es sich leisten, dreimal am Tag Fleisch zu essen. Überall auf der Welt symbolisierte der Fleischverzehr das reiche Leben der alten herrschenden Klassen; heutzutage wollen alle Fleisch, und die „Hungerleider" leben nicht mehr vor den Toren der Stadt, sondern weit weg in den wirtschaftlich ausgebeuteten Ländern, die uns mit Primärprodukten versorgen.

Zu den Kosten für Futtermittel und Energie addieren sich bei der Fleischproduktion die hohen Kosten für Transport und Lagerung.

Die geschichtlichen Gründe hierfür gehen zurück auf das 19. Jahrhundert, als die Briten an fettem Fleisch Geschmack fanden. Dieser entwickelte sich in einer Zeit, als überschüssiges Getreide zur Fütterung der Rinder in den riesigen Pferchen Nordamerikas verwendet werden konnte, in denen die Tiere hauptsächlich für die Schlachtung gemästet wurden. Die Verfütterung von Getreide in großem Maßstab war eine relativ neue Entwicklung in der Landwirtschaft und hatte ungeahnte Auswirkungen auf die weltweite Landnutzung und Nahrungsverteilung.

Ganz eindeutig stützt vor allem die Fleischnachfrage den unüberschaubaren Moloch der Nahrungsmittelindustrie, insbesondere der Getreideproduktion. Doch der Glaube an Fleisch und Milch ist nichts weiter als ein Mythos, eine ungeheure Irreführung, die durch die beteiligten Konzernriesen aufrechterhalten wird.[3]

Die Landwirtschaft wird traditionell staatlich subventioniert, nirgends mehr als im Großbritannien der Nachkriegszeit und ganz besonders jüngst im Rahmen der Common Agricultural Policy (CAP; gemeinsame Agrarpolitik). Die CAP verbraucht mehr als 50% des gesamten EU-Budgets (von dem laut Bericht des Europäischen Rechnungshofes vom 22. April 1992 10% durch Korruption verlorengehen) und ermöglicht es auf diese Weise den Bauern, ihre Produkte ohne Rücksicht auf die Nachfrage zu guten Preisen zu verkaufen. Diese Politik geht zu Lasten der Produzenten in den Entwicklungsländern, deren Regierungen nicht in der Lage sind, sie so weit zu unterstützen, dass sie auf dem Weltmarkt konkurrenzfähig bleiben. Uns hingegen hat sie ungeheure Überschüsse eingebracht, die zwar kürzlich reduziert wurden, sich jedoch noch immer in schwindelerregenden Höhen befinden: 15.713.000 t Getreide, 361.000 t Butter und 607.000 t Fleisch (GB-Zahlen 10/91).* Zu den Kosten für Futtermittel und Energie addieren sich bei der Fleischproduktion die hohen Kosten für Transport und Lagerung. So wird sich die letzte Reform der CAP (Mai 1992), zusammen mit der Aufschubpolitik und den großzügigen Ausgleichszahlungen, für jene Bauern, die nichts produzieren, voraussichtlich zugunsten der mächtigeren und gerisseneren Bauern auswirken.

Der Bauernverband ist eine außerordentlich einflussreiche Körperschaft, und es ist kein Zufall, dass viele britische Politiker nebenbei auch landwirtschaftliche Betriebe unterhalten. Geoffrey Cannon (siehe Literatur im Anhang) erforschte 1986 die Interessen der Mitglieder des britischen Parlaments und fand heraus, dass 250 Parlamentsmitglieder Verbindungen zur Nahrungsmittelindustrie hatten. Von Kabinettsmitgliedern wird erwartet, dass sie keine direkten Verbindungen zur Industrie pflegen, obwohl sie weiterhin landwirtschaftliche Betriebe besitzen dürfen!

---

* Die Situation auf dem Weltgetreidemarkt hat sich in den letzten Jahren teils dramatisch verändert. U.a. hat das teils sprunghaft gestiegene Verlangen der Chinesen nach Fleisch zu einer erheblichen Erhöhung der chinesischen Getreideimporte zur Fütterung ihrer eigenen *Nutz*tiere in riesigen Tierproduktionsanlagen geführt, so dass die Kornspeicher der Welt stark reduziert sind. Hinzu kommen Spekulationen auf den Welt-Finanzmärkten um Agrarprodukte sowie der verheerende Biosprit-Boom.

Es gibt in der Landwirtschaft keine Einschränkungen der Überproduktion, wie es sie in anderen Industriezweigen von nationaler Bedeutung gibt. Im Gegenteil, hohe Summen von Steuergeldern werden zusätzlich zu den europäischen Subventionen ausgegeben, um die Fleischindustrie mit speziellen Programmen (wie z.B. dem Beef Special Premium Scheme) zu unterstützen.

Damit zahlen wir alle für Fleisch, unabhängig davon, ob wir es essen oder nicht. In Großbritannien profitieren sogar Kleinbauern von Beitrags- und Steuerbefreiungen, einschließlich der Mehrwertsteuer. Staatliche Subventionen, die während des Krieges einsetzten, um die Nahrungsmittelpreise niedrig zu halten, dienen heute den Interessen der Produzenten, und bisher hat kein noch so hoher Verbraucherdruck den Einfluss der Industrie auf die Politik verringert.*

Wir zahlen alle für Fleisch, unabhängig davon, ob wir es essen oder nicht.

Derzeit ist die Ernährungswirtschaft auf Fleischproduktion ausgerichtet, und wir alle zahlen dafür mit öffentlichen Geldern. Aber dieses System ist massiv auf Importe gestützt – unser „im eigenen Lande produziertes" Fleisch ist in Wirklichkeit nicht einheimischer als ein Auto, das aus importierten Teilen gebaut wurde. Dies verstärkt die Unausgeglichenheit des aktuellen Nahrungsverbrauches zwischen den reichen und den armen Ländern und unterstreicht das Ungleichgewicht der Rohstoffnutzung. Darüber hinaus erzeugt die Massentierhaltung im eigenen Land sehr hohe Sozialkosten, indem sie zur Entvölkerung des Landes und gleichzeitig zur Übervölkerung der Städte entscheidend beiträgt.

Im Folgenden wollen wir die eklatante Ineffizienz der modernen Landwirtschaft sowie die mächtigen Interessen, die sie aufrechterhalten, einer näheren Betrachtung unterziehen.

* In Deutschland wird die wettbewerbsverzerrende Politik zugunsten tierlicher Produkte auch am Steuersatz deutlich. So wird Kuhmilch mit 7% versteuert, während pflanzliche Alternativen wie Soja- und Reismilch mit 19% versteuert werden.

KAPITEL ZWEI

Die Nahrungsmittelindustrie

„In Großbritannien folgten die letzten Regierungen in erster Linie den Empfehlungen der großen Nahrungsmittel- und Chemieproduzenten. Dies erklärt die britische Lebensmittelpolitik und auch das Erscheinungsbild der britischen Kulturlandschaft.“

Geoffrey Cannon, *The Politics of Food*

„Wenn wir alle vegetarisch leben und unsere Nahrung gerecht verteilen würden, könnte die Erde 6 Milliarden Menschen ernähren. (…) Aber wenn ein Drittel unserer Nahrungsenergie aus tierlichen Produkten stammt, wie es in Nordamerika heute der Fall ist, kann sie höchstens 2,5 Milliarden ernähren.“

Sir Crispin Tickell, früherer UN-Botschafter, in seiner Rede auf dem Jahrestreffen des britischen Verbandes zur Förderung der Wissenschaft, August 1991. (Stand der Weltbevölkerung August 2008: 6,7 Milliarden Menschen.)

Wirtschaft

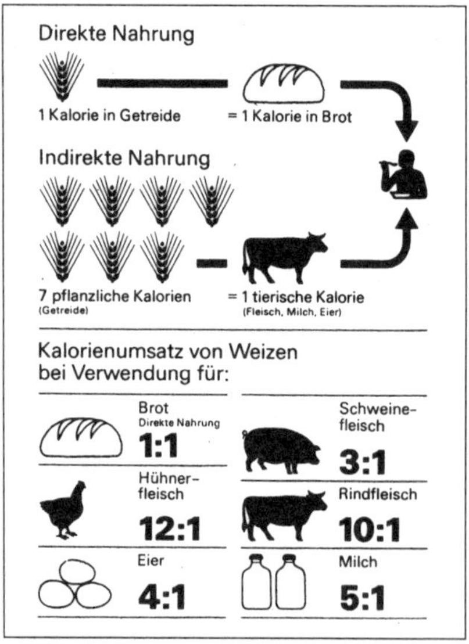

Strahm, R.H. „Warum sie so arm sind“, 1985

Es steht außer Zweifel, dass die Fleischproduktion für die Herstellung von Nahrungseiweiß ein verschwenderischer Umweg ist. Pro Gewichtseinheit werden lediglich ca. 15% des pflanzlichen Proteins in tierliches Eiweiß umgewandelt. (Noch weniger ist es sogar, wenn wir in Betracht ziehen, wie viel von diesem Produkt für den Verzehr ungeeignet ist oder weggeworfen wird.) Es erfordert also ungeheuer viel pflanz-

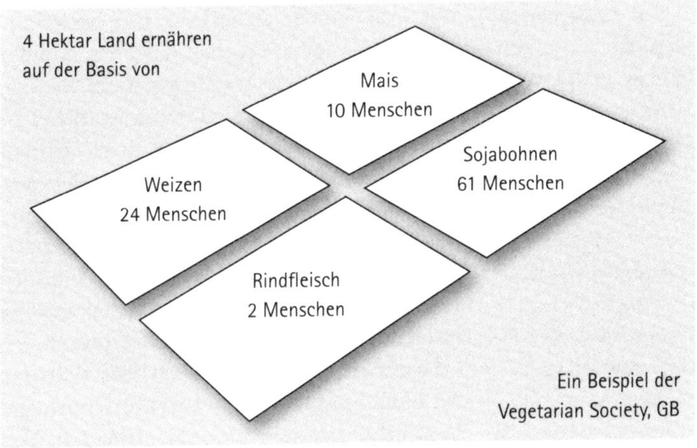

liches Material, um eine begrenzte Menge Fleisch, Eier oder Milch zu produzieren.

Die Zahlen variieren natürlich, doch das Verhältnis von annähernd sieben zu eins tritt in Studien zur Nährstoffumsetzung bemerkenswert häufig auf. Nehmen wir beispielsweise das Körpergewicht als Maßstab: Eine Person müsste 10 kg Fisch essen, um 1 kg an Gewicht zuzunehmen; die Fische müssten im Laufe ihres Lebens 100 kg Krabben und Würmer vertilgt haben, Letztere wiederum 1000 kg Plankton. Ein Kilogramm unseres Körpergewichtes entspricht also einer Tonne organischen Materials nur drei Stufen tiefer in der Nahrungskette! (Ein Beispiel aus dem Buch *The Quest for Gaia* von Kit Pedler.) Nehmen wir andererseits den Landverbrauch als Maßstab für Effizienz, so gewinnen wir aus Getreide 5-mal, aus Erbsen und Bohnen 10-mal und aus Spinat 26-mal mehr Protein als aus Fleisch.[4]

*„Nahrungsimporte sind in der Tat unnötig. Unser Agrarland ist fruchtbar genug, um 250 Millionen Menschen vegetarisch zu ernähren.“ * (British Medical Journal)*

Eine andere Einschätzung ergab, dass Sojabohnen 650 kg, Luzerne 1700 kg, Rindfleisch der Güteklasse 1 jedoch nur 125 kg Protein pro Hektar Land erbringen.[5] (Siehe Abbildung)

* Die Bevölkerung Großbritanniens beträgt derzeit knapp 60 Millionen Menschen, Stand 8/2008

Wir brauchen also wesentlich mehr Ackerland, um FleischesserInnen zu ernähren, als es für VegetarierInnen nötig ist. Kulturland ist heute wertvoller denn je, und es ist fraglich, wie viel von den Resten unserer naturbelassenen Wälder noch zu retten ist; daher ist es dringend notwendig, die vorhandenen Kulturflächen so effizient wie möglich zu nutzen. Die Wirklichkeit aber sieht ganz anders aus: In Großbritannien dienen 90% der 18,4 Millionen Hektar landwirtschaftlich genutzter Flächen direkt oder indirekt der *Nutz*tierhaltung, davon 11,6 Millionen Hektar als Weideland. Zwei Drittel unserer Ernteerträge werden ans „Vieh" verfüttert.[6]

„Das Monopol der Nahrungsmittelproduzenten übertrifft sogar das der Ölkonzerne."
– Stellvertretender US-Staatssekretär, 1974

Wasser ist ein weiterer wertvoller Rohstoff. Die Fleischproduktion verbraucht Unmengen Wasser zur Bewässerung des Futtergetreides. Laut der US Water Education Foundation* werden zur Produktion eines Pfundes Sojabohnen knapp 2000 l Wasser benötigt, während die Produktion eines Pfundes Rindfleisch fast 10.000 l verschlingt.

Wenn wir die Effizienz unserer landwirtschaftlichen Industrie bewerten, müssen wir auch die Energiekosten für die Verschiffung von Tierfutter um die halbe Erde sowie für den Betrieb der technischen Anlagen, aus denen die Mehrheit der modernen Höfe bestehen, mit einbeziehen. Niemand weiß, wie lange unsere Banken und die Umwelt diese Kosten noch tragen können.

Das britische Handelsdefizit für Lebensmittel beläuft sich derzeit auf £ 6 Milliarden (rund 7,26 Milliarden Euro).[7] Wenn das Gleichgewicht zwischen Geben und Nehmen ein Anliegen der britischen Politiker ist, täten sie gut daran, die Summen, die wir für importierte Futtermittel ausgeben, drastisch zu verringern. 1982 importierte die EG 14 Millionen Tonnen Getreide ausschließlich zur Fütterung der *Nutz*tierherden. Allein Großbritannien importiert jährlich 4 Millionen Tonnen.[8]** Der Großteil der britischen Kulturflächen dient heute als Weideland (den Hauptteil des Weizens für Brot importiert Großbritannien aus den USA). Schlimmer noch: viel von dem Eiweiß, das zur Tierfütterung importiert wird, stammt aus Ländern, in denen

---

* Stiftung für die Erziehung zu einem verantwortungsvollen Umgang mit Wasser

** Deutschland hat allein zwischen Januar und Juli 2007 rund 3,4 Millionen Tonnen Getreide eingeführt. – Quelle: Statistisches Bundesamt Deutschland, 2008

die Armen hungern (z.B. Maniok aus Thailand, Soja aus Brasilien, Fischmehl aus Peru und Sojabohnen und Ölsamen aus Indien).

Als zum Beispiel eine Geflügelseuche Panik verursachte, las ich in meiner Lokalzeitung einen Artikel über „Reis- und Weizenkleie, importiert aus Pakistan, dem Fernen Osten und anderen Orten", die in Liverpool verseucht worden waren. Es wirkt absurd, dass Hühnerfutter so weite Reisen zurücklegen muss, zumal wir das Endprodukt nicht einmal benötigen.

Dies scheint sich wie ein roter Faden durch alle Länder zu ziehen, die industrialisiert wurden und werden. Ägypten, beispielsweise, war bis 1970 Selbstversorger in Sachen Ernährung, importiert heute aber 70% der benötigten Nahrungsmittel. Auch die früheren Sowjetstaaten importieren gewaltige Mengen Getreide, um den Fleischbedarf zu decken. Damit sind sie letztendlich vom Wohlwollen des weltgrößten Exporteurs, der USA, abhängig.

Die großen Konzerne

Das Problem ist ebenso gewaltig wie die Kräfte, die hinter ihm stehen. Über 600 Millionen Tonnen Getreide werden heute jährlich an *Nutz*tiere verfüttert, und das in einer Welt, in der, laut WHO-Statistiken, ca. 100 Millionen Menschen im Jahr an Hunger oder aus ihm folgenden Krankheiten sterben.[9] Die Schiffsladungen Getreide, die hin und wieder in die von Hungersnöten betroffenen Erdteile verschickt werden, sind ein verschwindend geringer Bruchteil jener Getreideberge, die wir lagern und importieren, um unsere Abermillionen *Nutz*tiere durchzufüttern. Konzernriesen wie Nestlé, Unilever, Hillsdown Holdings, Associated British Foods und HJ Heinz kontrollieren heute Aufzucht, Transport und Schlachtung jener unüberschaubar großen Herden. Viele Bauern sind Vertragszüchter, und die große Zahl der Tiere, die sie heranziehen, steht meist in keinem Verhältnis zur lokalen Nachfrage.

Die Bauern selbst haben kaum Einfluss auf die Industrie; zumindest in Großbritannien werden für die Ernährungspolitik relevante Beschlüsse in geschlossenen Komitees gefasst, die vom Official Secrets Act* gelenkt werden! Verbraucher oder unabhängige Ernährungswissenschaftler sind an diesen Komitees, die wichtige

* Gesetz zur amtlichen Schweigepflicht

politische Entscheidungen fällen, nicht beteiligt – Vertreter der Lebensmittelindustrie hingegen sehr wohl. Der anhaltend schlechte Gesundheitszustand der Briten liefert hierfür ein bestürzendes Zeugnis. In den 1970er und 1980er Jahren hat sich allerdings eher trotz als aufgrund staatlicher Politik ein öffentliches Bewusstsein für den Zusammenhang zwischen gesättigten Fettsäuren und Herzerkrankungen herausgebildet.[10]

Das 1979 gegründete National Advisory Council on Nutrition Education* wurde durch Landwirtschaftsexperten und Nahrungsmittelproduzenten so stark blockiert, dass sein Abschlussbericht zu schwer verständlich ausfiel, als dass er für die Öffentlichkeit von irgendeinem Nutzen hätte sein können. Es fand keinerlei ernährungsspezifische Bildung statt, und so forderten die Herzkrankheiten weiterhin ihren Tribut. Die britischen Statistiken lieferten Kontrollwerte, an denen andere Länder ihren Erfolg bei der Bekämpfung von Herzkranzgefäßleiden ablesen konnten, und noch immer führt Großbritannien die weltweite Statistik an. So etwas wird erst dann möglich, wenn sich Nahrungsmittelkonzerne auf höchster Ebene in die Politik einmischen.[11]

In den ungefähr 10 Jahren, seit der Bericht des Committee on Medical Aspects of Food (COMA)** öffentlich zur Kenntnis genommen und seine Empfehlungen bezüglich Zucker und tierlicher Fette verbreitet wurden, hat sich unser Fett- und Zuckerverbrauch kaum verringert. Dies hängt weitestgehend mit der massiven Anwendung von Fett und Zucker in Lebensmittelkonserven und mit der Tatsache zusammen, dass die Industrie ein Zweistufensystem einführte, indem sie „Gesundheits"-Produkte zu höheren Preisen anbot. Was nicht unter diese Kategorie fällt, bekommen nach wie vor die Armen.

Die British Nutrition Foundation***, angesehen als einer der Hüter unserer Gesundheit mit dem erklärten Ziel, „wissenschaftlich

---

* Nationaler Rat, der Empfehlungen für Ernährungsrichtlinien ausspricht

** Komitee für medizinische Ernährungsfragen

*** Britische Ernährungsstiftung. In Deutschland ist sie am ehesten mit der DGE (Deutsche Gesellschaft für Ernährung) vergleichbar, wobei die DGE wohl weniger von der Industrie beeinflusst ist. Die CMA (Centrale Marketing-Gesellschaft der deutschen Agrarwirtschaft) hingegen wird durch Zwangsabgaben größtenteils direkt von der deutschen Agrarwirtschaft finanziert. Dies hat zur Folge, dass tierliche Produkte auf äußerst fragwürdige Weise vermarktet werden (z.B.: „Fleisch, ein Stück Lebenskraft", „Die Milch macht´s"). Das österreichische Pendant, die AMA (Agrarmarkt Austria), schreckt nicht einmal davor zurück, Fleisch als „Brainfood" zu bezeichnen.

belegte und objektive" Informationen zu verbreiten, ist selbst weitestgehend eine Kreation der Nahrungsmittelindustrie. Gegründet wurde sie 1967 als Forum für höhergestellte Persönlichkeiten aus Wissenschaft, Regierung und Nahrungsmittelindustrie, und ihr Einfluss auf die britische Politik ist mit dem der Federal Food and Drug Administration (FDA)* in den USA vergleichbar.

Trotzdem findet sich in ihrem Bericht von 1982, „Chancen und Hindernisse bei der Umsetzung von Richtlinien zur Ernährung", folgende Passage:

„Jede Anwendung nationaler Ernährungsrichtlinien muss die Interessen der Wirtschaftsriesen der Nahrungsmittelindustrie berücksichtigen. (…) Die führenden Industriezweige beschäftigen über zwei Millionen Menschen, gewaltige Summen wurden in sie investiert, und sie sind einer der wichtigsten Faktoren des wirtschaftlichen Wohlstandes der Nation. (…) Einfach zu sagen: ‚Lasst uns wesentlich weniger Zucker oder Butter verbrauchen', würde ökonomisch weltweit umfassende Folgen nach sich ziehen."

Die Organisation verurteilt sich hiermit selbst, indem sie ihre eigentlichen Interessen zugibt. Aus Gründen der Fairness muss jedoch gesagt werden, dass auch die vegetarische Bewegung nicht immer bereit war, den wirtschaftlichen Folgen der Zerstörung einer ganzen Industrie ins Gesicht zu sehen – und um nichts anderes geht es hier. Ebenso wie die Reformer der Vergangenheit dem Argument begegnen mussten, die gesamte Weltwirtschaft würde mit der Abschaffung der Sklaverei kollabieren, sehen wir uns nun von Seiten der Nahrungsmittelindustrie mit ähnlichen Argumenten konfrontiert.

Fast-Food-Industrie – die perfekte Methode, billige Nahrungsmittel zu bündeln und in teure zu verwandeln.

Indessen werden die Butterberge und Milchseen überall immer größer: In Kansas City, USA, wurde unterirdisch das landesweit größte „kommerzielle Verteilungszentrum" angelegt, in welchem endlose Reihen von Lastzügen tonnenweise Getreide abladen, das nicht sofort verkauft werden kann. Tatsächlich waren es die gewaltigen Getreideüberschüsse im Nachkriegs-Amerika, die der Fast-Food-Industrie zum Aufschwung verhalfen – die perfekte

* US-Ernährungsstiftung

Methode, billige Nahrungsmittel zu bündeln und in teure zu verwandeln. In Großbritannien haben die Bauern während der letzten zwanzig Jahre aufgrund des in der EU künstlich hochgehaltenen Weizenpreises immer größere Teile der unersetzbaren Landschaft in Beschlag genommen. Sicherlich beruht dieser Wahnsinn nicht ausschließlich auf unserer fleischzentrierten Ernährung; aber Verfahrensweisen, die sich bei hohen Investitionen auf die Verschiffung so riesiger Mengen stützen, geraten zwangsläufig außer Kontrolle. Und wir können davon ausgehen, dass nach wie vor ansehnliche Profite erzielt werden, während sich die Lebensmittelberge weiter gen Himmel türmen.*

* Vergleiche mit Anmerkung Seite 16 zur aktuellen Situation auf dem Weltgetreidemarkt.

KAPITEL DREI

Auf dem Bauernhof

„Seit 1950 hat sich die Fleischproduktion weltweit vervierfacht. In Ländern wie Belgien und Frankreich produzieren Tiere mehr Dung, als die Böden vertragen. Weltweit sind 73% der Weideflächen überstrapaziert, und ihre fortschreitende Vergrößerung ist die Hauptursache für die Zerstörung der Wälder Lateinamerikas."

Worldwatch Institute, Juli 1991

Massentierhaltung

Trotz der absurden Auswüchse westlicher Nahrungsmittelproduktion sind immer noch viele Menschen fest davon überzeugt, dass in diesen modernen Entwicklungen unsere größte Hoffnung liegt, die Ernährung der Menschheit sicherzustellen. Die Massentierhaltung wurde lange Zeit als notwendiges Übel zur Überwindung von Nahrungsengpässen angesehen.

Bei Tierhaltung sind die Gesamtkosten, z.B. für Brennstoff und Wasser, verglichen mit den Kosten, die bei einfachem Pflanzenanbau anfallen, immens.

Verglichen mit Tieren, die Grasland beweiden, verbrauchen eingesperrte Tiere einen höheren Anteil Nahrung, die wiederum auf fruchtbarem Ackerland angebaut wird. Unter den engen Haltungsbedingungen leiden sowohl Gesundheit und Vitalität der Tiere als auch die Qualität des Produktes. Die Abhängigkeit von Drogen und Nahrungszusätzen zur Bekämpfung von Infektionen vermehrt die chemischen Rückstände in den Produkten und erhöht das Gesundheitsrisiko für die Verbraucher, da Bakterien zunehmend Antibiotikaresistenzen entwickeln. Dies lässt sich gegenwärtig anhand der Häufigkeit von Lebensmittelvergiftungen zweifelsfrei belegen: Die Zahl der registrierten Fälle hat sich beispielsweise in Großbritannien von 1986 bis 1990 vervierfacht.*

* In Deutschland hat sich z.B. die Anzahl der Infektionen mit Campylobacter-Bakterien zwischen 1992 und 2000 annähernd verzehnfacht. Campylobacter spp. sind besonders in Geflügel- und Schweinebeständen weit verbreitet. – Quelle: Robert Koch Institut, Gesundheitsberichterstattung des Bundes, Heft 01/02

Und dies ist das Produkt, das uns der Mythos als Grundlage unseres Lebens verkaufen will! Darüber hinaus ist die Massentierhaltung weitestgehend von Maschinen und Energieressourcen abhängig, mit deren Hilfe die künstlichen Lebensbedingungen der Tiere aufrechterhalten werden. Aber auch bei weniger intensiver Tierhaltung sind die Gesamtkosten, z.B. für Brennstoffe und Wasser, verglichen mit den Kosten, die bei einfachem Pflanzenanbau anfallen, immens.

Milchproduktion

Sicherlich denken manche, wir könnten ohne Bedenken weiterhin über Milch und Milchprodukte verfügen, da Kühe diese ja in so großer Menge geben, dass es durchaus sinnvoll sei, sie auch zu konsumieren. Diese Sichtweise ist jedoch unzutreffend: Die Laktation (Milchbildung) tritt bei allen Säugetieren, einschließlich uns Menschen, nur in einem begrenzten Zeitraum nach der Geburt des Nachwuchses auf.

Eine Kuh wandelt nur etwa ein Zehntel des von ihr aufgenommenen Proteins in Milch um. Heutzutage bekommt sie einen Teil ihrer Nahrung in einer für ihre Verdauungsorgane nicht geeigneten Form angeboten. Es handelt sich hierbei um konzentrierte Getreideprotein-Pellets, die zu ernsthaften Stoffwechselproblemen führen können, wie wir später noch sehen werden.

Teilweise durch die Fütterung mit solcher Kunstnahrung, teilweise durch Selektionszucht wurde die jährliche Milchleistung einer durchschnittlichen Milchkuh von 1500 l pro Jahr (1950) auf über 5000 l (1983)* forciert. Das ist zehnmal so viel, wie ein Kalb benötigt, das von seiner Mutter gestillt wird.[12] Solche Erträge entstehen nicht, wenn Kühe nur auf Weiden grasen. Die Methoden der modernen Milchwirtschaft sind ein extrem kostspieliger Weg, ein Produkt zu erzeugen, das schlichtweg überflüssig ist.

Die Milchindustrie ist sehr eng mit der Fleischindustrie verzahnt. Etwa 80% des britischen Fleisches sind ein Beiprodukt der Milchbetriebe. Jedes Kalb, das von einer Kuh geboren werden muss, um deren Milchbildung aufrechtzuerhalten, wird entweder sehr früh für

* Die durchschnittliche Milchleistung beträgt 6000 l, Hochleistungskühe geben bis 10.000 l/Jahr (2008).

die Kalbfleischproduktion geschlachtet, oder es wird auf eine Kälberfarm oder in einen Mastzuchtbetrieb gebracht. Eine Minderheit der weiblichen Kälber wird Teil einer neuen Milchtierherde.

Die vorherrschende öffentliche Ignoranz diesen grundlegenden Tatsachen gegenüber ist wohl einer der größten Erfolge der Werbekampagnen unserer modernen Welt. Es ist eben viel angenehmer, an die Existenz „glücklicher Tiere" auf dem Bauernhof zu glauben, die uns nur zu gerne ihre Milch geben, als sich mit der Realität in der Milchwirtschaft auseinanderzusetzen.

Milchüberschüsse werden auf verschiedenen, bizarren Wegen abgebaut. Immer wieder werden neue Milchmischgetränke auf den Markt geworfen, um dann schnell wieder aus den Regalen zu verschwinden. In Harlington (GB) wurde 1984 eine Fabrik in einen Aufbereitungsbetrieb für Molke umgewandelt. Diese Molke wird von der Pharmaindustrie zur Herstellung von Pillen eingesetzt. In Devon (GB) wird sie einfach auf den Feldern ausgebracht.[13] In den vergangenen Jahren tauchte Molke immer wieder an den verschiedensten, ungewöhnlichsten Stellen in Nahrungsmitteln auf, die normalerweise mit Milch nicht in Zusammenhang gebracht werden – was all jenen aufgefallen sein dürfte, die gewöhnlich die Zutatenlisten lesen.

Alles in allem ist die Milchindustrie für eine ungeheure Verschwendung natürlicher Ressourcen verantwortlich.

Tierdung

Ein Aspekt unseres Abfallproblems sind die Ausscheidungen der Milchtiere. Befürworter der Tierhaltung behaupten, Tierdung sei notwendig, um die Fruchtbarkeit der Ackerböden zu erhalten. Und in der Tat werden tierliche ebenso wie menschliche Ausscheidungen im natürlichen Kreislauf in Humus und andere für die Böden wertvolle Stoffe umgewandelt. Durch die Massentierhaltung fällt jedoch so viel Tierdung an, dass es unmöglich ist, diesen vor Ort wieder auf den Feldern auszubringen. Stattdessen wird er anderenorts entsorgt, in gefährlichen Jaucheseen gelagert oder einfach nur verfestigt und verbrannt, wodurch wiederum neue Formen der Verschmutzung entstehen.

Eine einzige Milchproduktionseinheit besitzt das Verschmutzungspotenzial einer Kleinstadt.

Die moderne Tierhaltung wirkt sich alles andere als nutzbringend auf das ökologische Gleichgewicht aus: sie ist ein Hauptverschmutzer unserer Gewässer. In einem durchschnittlichen Jahr (1982) wurden der britischen Wasserbehörde 2523 Fälle von Gewässerverschmutzung durch Mastbetriebe* gemeldet.[14] Die Zahl der ungemeldeten Fälle liegt zweifellos um einiges höher. Jauche aus Mastbetrieben schädigt die Tierwelt unserer Gewässer in verheerendem Ausmaß, indem sie dem Wasser (indirekt) Sauerstoff entzieht (Eutrophierung). Eine Milchkuh scheidet rund 35 l Jauche pro Tag aus. Eine einzige Milchproduktionseinheit besitzt das Verschmutzungspotenzial einer Kleinstadt. Außerdem können die durch Silage (die moderne Version des Heubodens) entstehenden Flüssigabfälle in einem Gewässer mehr als 200-mal schädlicher als normale Abwässer wirken.[15] Auch andere chemische Verbindungen, wie Kunstdünger und Pestizide, ruinieren das Ökosystem und sind für die alarmierend hohen Nitratgehalte in unserem Trinkwasser verantwortlich.

Die Verschmutzung der Böden und Gewässer ist nicht die einzige Gefahr, die von der Massentierhaltung ausgeht. In den vergangenen Jahren wurde immer deutlicher, dass sie global gesehen auch andere Auswirkungen hat: Die riesigen Rinderherden stoßen nicht nur Kohlendioxid, sondern auch Methangas aus, welches als Treibhausgas 20- bis 25-mal schädlicher als CO_2 ist. James Lovelock bezeichnete dieses Gas 1990 in den Schumacher-Lesungen als die „wahrscheinlich gefährlichste Substanz, die wir in die Atmosphäre einleiten". Daher sind beispielsweise die vielen Millionen Hektar Landes, die allein in Europa dauerhaft als Weideland für Kühe genutzt werden – jede einzelne stößt 200 l Methangas pro Tag aus – ein schwerwiegender Faktor für die sich beschleunigende Erderwärmung. Diese unangenehme Tatsache wird von der „Fleisch, Kartoffeln und Gemüse"-Fraktion bis heute beharrlich ignoriert. Kathleen Jannaway, Gründerin des Movement for Compassionate Living (siehe Adressen)**, machte dies in Publikationen wie *Abundant Living in the Coming Age of the Tree* in leidenschaftlicher Form deutlich.

Gülle setzt Ammoniak frei, welches Pflanzen direkt schädigt und den Sauren Regen mitverursacht.

* In Deutschland werden solche Delikte statistisch nicht erfasst.

** Bewegung, die sich für Mitgefühl mit Tieren einsetzt

Zusätzlich zum Ausstoß von Treibhausgasen ist die Tierhaltung auch eine der Hauptursachen der Luftverschmutzung. Gülle setzt Ammoniak frei, welches Pflanzen direkt schädigt und den Sauren Regen mitverursacht. Ein Bericht des Worldwatch Institute von 1991 stellt fest, dass Ammoniak aus Tierdung allein in den Niederlanden mehr Schäden durch Sauren Regen verursacht als Autos oder Fabriken. (1992 beschloss die niederländische Regierung finanzielle Anreize für Landwirte, die sich von der Milchwirtschaft ab- und einer Energiewirtschaft mit modernen Windkraftanlagen zuwenden.)

Gesunder Boden – gesunde Landschaft

Es ist ein alter Mythos, gepflegt durch Nostalgie und Tradition, der da besagt, dass ein Boden Tierdung braucht, um gesunde Ernten hervorzubringen. Ganz offensichtlich sind in ausreichend großer Menge menschliche Ausscheidungen in Form von Klärschlämmen vorhanden, um bedarfsdeckend als organischer Dünger angeboten zu werden. Verschiedene Projekte in Großbritannien zeigen bereits, wie dies umgesetzt werden kann.[16] Derzeit kann diese Möglichkeit jedoch noch nicht im großen Maßstab genutzt werden, weil unsere Abwässer, unter anderem durch Schwermetalle aus Industrieabfällen, zu stark belastet sind. Eine hygienische Wiederaufbereitung menschlicher Fäkalien ist technologisch heute schon machbar, scheitert letztendlich aber bisher daran, dass damit noch kein Geld zu verdienen ist.

Pflanzen können also ohne die Hilfe künstlicher Chemikalien oder tierlicher Produkte wie Dung, Knochenmehl etc. gezogen werden.

Unabhängig davon ist Tierdung keine notwendige Voraussetzung für reiche und gesunde Ernten. So wurde beispielsweise auf einem 32-Hektar-Hof nahe Straßburg in Frankreich über 12 Jahre lang erfolgreich ökologischer Anbau ohne Tierhaltung betrieben. Roggen, Weizen und Bohnen wurden mit Hilfe geeigneter Fruchtfolgen und Gründüngung in Hülle und Fülle angebaut, ohne dabei auf Tierdung zurückzugreifen.[17] In Europa existieren noch immer unzählige Gärten und Schrebergärten, die nach dem Prinzip veganer Anbaumethoden funktionieren.* Pflanzen

* Mehr Informationen hierzu bietet die Internetseite www.biovegan.org

können also ohne die Hilfe künstlicher Chemikalien oder tierlicher Produkte wie Dung, Knochenmehl, etc. gezogen werden. Ein guter Kompost ist und bleibt die Grundlage für erfolgreichen Gartenbau und ist außerdem ein wesentlich direkterer Weg, die Böden fruchtbar zu erhalten. Die im Dung enthaltenen Nähr- und Humusstoffe „können durch einfache Kompostierung oder Fermentierung pflanzlicher Stoffe gewonnen werden und versorgen die Böden direkt mit Eiweiß, ohne auf die Haltung von Tierherden angewiesen zu sein“.[18] Ist ein Boden mangelhaft mit Mineralien versorgt, können diese in Form von Steinmehl, Seetang, u.a. zugesetzt werden.

Mist ist weit davon entfernt, die Wunder zu vollbringen, die ihm nachgesagt werden. Vielmehr steht Tierdung, durch den Energieverbrauch der ihn produzierenden Tiere, für einen Nettoverlust in der ökologisch/ökonomischen Gesamtbilanz. Mist ist nicht einmal ein natürliches und lokales Produkt. So wird z.B. das Futter, das europäische Kühe bekommen (also die Voraussetzung dafür, dass Mist überhaupt entstehen kann), zum Teil aus so weit entfernten Ländern wie Brasilien importiert.

Eine vegane Kulturlandschaft würde sehr großen Forstbeständen Raum bieten, die als nachwachsender Rohstoff Ausgangsmaterial für Nahrung, Treibstoff, pflanzliche Fasern und Baumaterialien liefern könnten.

Um die Vorteile veganer Anbauverfahren zu verdeutlichen, müssen wir uns lediglich an den Unterschied zwischen süßlich-würzig riechendem Kompost aus dem eigenen Garten und dem Gestank eines frisch gedüngten Feldes erinnern. Die Zeiten, in denen auf den kleineren britischen Mischhöfen das Ausbringen von Tierdung die traditionelle Methode zur Erhaltung der Bodenfruchtbarkeit war, sind schon lange vorbei. Heutzutage erreicht ein typischer britischer landwirtschaftlicher Großbetrieb eine Größe von 1600 Hektar*, und ein Drittel aller britischen Landwirtschaftsbetriebe nimmt 90% der Agrarflächen ein.[19] In Großbritan-

* Die Anzahl der landwirtschaftlichen Betriebe in Deutschland ist ebenfalls rückläufig. Allein zwischen 2002 und 2005 hat die Anzahl der Betriebe mit zwei bis zehn Hektar Betriebsgröße um knapp fünf Prozent abgenommen, während die Betriebe mit 200-500 Hektar um über vier Prozent zugenommen haben. Das heißt, immer weniger Betriebe kontrollieren immer größere Flächen. Während der Gewinn pro Unternehmen im Obstbau um knapp 40 % im Vergleich zum Vorjahr zurückging, stieg der Gewinn pro Unternehmen in der sogenannten Veredelungsindustrie um über hundert Prozent. – Quelle: Agrarpolitischer Bericht 2006 der Bundesregierung

nien beispielsweise ist die Sicherung der Bodenqualität der Kontrolle des Chemiekonzerns ICI unterstellt, und das Gülleproblem bringt die Landwirte inzwischen ernsthaft in Verlegenheit.

Früher wurde die Bodenqualität in einer Situation ohne Tierzucht einfach durch Kompost, Fruchtfolgen, Gründüngung und wohldosierten Einsatz von Menschendung erhalten. Würden wir keine Tiere „anbauen", hätte die „überfüllte" britische Insel keinerlei Schwierigkeiten, sich auf der Basis einer rein veganen Ernährung zu versorgen. Dies belegt eine Studie, die unter der Schirmherrschaft von Professor Watkin Williams, Direktor der Abteilung für Landwirtschaft und Botanik an der Reading University (GB), entstand (und es wurde ebenfalls in Kenneth Mellenby's Buch *Can Britain Feed Itself?* untersucht).

Eine vegane Kulturlandschaft würde sehr großen Forstbeständen Raum bieten, die als nachwachsender Rohstoff Ausgangsmaterial für Nahrung, Treibstoff, pflanzliche Fasern und Baumaterialien liefern könnten. Einstmals bedeckten fast ausschließlich Bäume das Land. Ein Großteil der traditionell englischen Landschaft ist nicht „natürlich" gewachsen, sondern eine Folge der „Einzäunungs"Gesetze des 17. und 18. Jahrhunderts – eine der grausamsten Gesetzgebungen der Geschichte.

Das Pflanzen von Bäumen ist bekanntermaßen ein lebensnotwendiger Faktor zur Erhaltung von Ökosystemen und der Gesundheit unseres Planeten. Weniger bekannt ist hingegen die Tatsache, dass die Früchte von Bäumen, wie z.B. Hülsenfrüchte, Obst und Nüsse, primäre, nachwachsende Rohstoffe für Nahrungsmittel sind. So könnte die „Ernte eines Hektars gut gepflegter Haselnussbäume bis zu 5000 kg betragen, während die durchschnittliche Ernte heute immer noch zwischen 750 kg und 1200 kg pro Hektar liegt".[20]

Tatsache ist, dass mit Bäumen eine größere Menge Nahrung erwirtschaftet werden kann als auf irgendeine andere Art und Weise.

Tatsache ist, dass mit Bäumen eine größere Menge Nahrung erwirtschaftet werden kann als auf irgendeine andere Art und Weise. Walnüsse z.B. haben einen hohen Nährwert und enthalten viele essentielle Nährstoffe. „Ein Hektar Walnüsse wirft über 1100 kg ganzer Nüsse ab … das ist zwanzigmal so viel Protein, wie auf der gleichen Fläche mit Fleisch erreicht werden könnte. Diese Nüsse enthalten die gleiche Menge Protein wie Fleisch, die Qualität dieses Proteins ist jedoch höher."[21] Zusätzlich könnte die

Nahrungsmitteltechnologie, die für Sojabohnen entwickelt wurde, im lokalen Obstanbau angewandt werden. Die Proteingewinnung aus grünen Blättern wird auf niedertechnologischem Niveau bereits kommerziell betrieben (unter anderem in Großbritannien).[22]

Durch Biomassenfermentierung „könnte der Gesamtbedarf an Flüssigtreibstoffen auf 17% und an Gas auf 15% der britischen Agrarflächen erzeugt werden" (Professor David Hall vom King's College bei der Windscale Enquiry, GB, 1977). Die Herstellung von Kraftstoffen auf Alkoholbasis wird in Brasilien bereits in großem Maßstab praktiziert (leider nur mit dem Ziel, die Autos reicher Leute am Laufen zu halten). Nach Aussage Professor Halls, diesmal bei einer Rede vor der Vegan Society im Mai 1984, haben alle weltweit ökonomisch nutzbaren Vorkommen an Kohle, Öl und Gas zusammen nur den gleichen Energiegehalt wie alle derzeit auf der Erde wachsenden Bäume.

Holz wird vor allem in den USA bereits zur Kraftstoffherstellung verwendet. In Großbritannien verwenden Landwirte auf Brachflächen angebaute Gehölze zur Energieerzeugung vor Ort.

Selbst britische Landwirte, die konservativste aller Gruppen, setzen sich mittlerweile für Veränderungen ein. Auf dem Jahrestreffen des britischen Bauernverbandes im Februar 1992 forderten die Landwirte finanzielle Anreize zur Förderung des Anbaus von Pflanzen, aus denen Dieselöle, Plastik, Papier und Kraftstoffe gewonnen werden können. Stärke, aus Zuckerrüben und Getreide, könnte den Rohstoff für biologisch abbaubares Plastik bilden. Stroh oder Weiden und andere schnellwüchsige Gehölze könnten als Ausgangsmaterial zur Gewinnung von Elektrizität angebaut werden. In Großbritannien [wie auch in Deutschland; Anm. d. Übers.] wird Raps bereits zur Herstellung des „grünen Bio-Diesels" angebaut, der bei seiner Verbrennung weniger schädlich als herkömmliche fossile Brennstoffe ist. Was könnten wir nicht alles mit unserem Land machen, wenn wir es nicht dafür verschwenden würden, unsere *Nutz*tiere damit zu „mästen"!

Notwendige Veränderungen

Anstatt auf immer neuen Wegen Tiere noch grausamer als bisher auszunutzen, könnten Wissenschaftler diese neuen, vielversprechenden Gebiete nachhaltiger erforschen. Doch die gnadenlose

Ausbeutung der Tiere wird erst dann aufhören, wenn die Nachfrage nach ihrem Fleisch nicht mehr vorhanden ist. Die Fleischindustrie ist heute mächtig genug, um sich mittels massiver Anzeigenkampagnen selbst zu stützen. Aber allein die Tatsache, dass Werbung für Fleischprodukte mittlerweile notwendig geworden ist, ist für die vegetarische Bewegung ein gutes Zeichen.

Wenn die Konsumenten ihr Verbrauchsbewusstsein weiterentwickeln, den Druck auf die Industrie verstärken und sich der alltäglichen Gehirnwäsche durch die Kampagnen der Meat and Livestock Commission* entziehen, werden die Landwirte darauf reagieren müssen, indem sie alle klimatisch möglichen Arten Getreide, Gemüse, Obst und Hülsenfrüchte anbauen. Sie könnten neue Einkommensquellen und Möglichkeiten für den Anbau exportorientierter Arten (Cash Crops) finden und gleichzeitig Genossenschaften und Kooperativen bilden. Die Regierung würde dann den Anbau gesunder statt wie bisher ungesunder Nahrungsmittel subventionieren.

* Verband der Fleischindustrie, dessen Aufgaben hierzulande mit denen der CMA (Centrale Marketing-Gesellschaft der Deutschen Agrarwirtschaft) vergleichbar sind

KAPITEL VIER

Ökologische Aspekte der Nahrungsmittelproduktion

„Der Missbrauch der Tiere – sei es in der Landwirtschaft, in Versuchslaboren, in der Wildnis oder bei uns zu Hause – ist kein nebensächliches, biegsames Thema, das von in der Öffentlichkeit stärker wahrgenommenen Problemen des ökologischen Niedergangs getrennt werden kann. Die Grausamkeit gegen Tiere entlarvt unseren grotesken, selbstmörderischen Triumphzug gegen den Rest der Schöpfung mehr als alles andere.“

Andrew Tyler

Das Land

Die moderne Zivilisation hat mit den überkommenen Kulturen dreier Kontinente gebrochen, um unseren Konsumrausch anzuheizen. Gleichzeitig hat der reich gedeckte Tisch des Westens – unsere auf Tierzucht konzentrierte Ernährungsweise – nicht allein bei uns, sondern fast überall auf der Welt die Landschaften in dramatischer Weise verändert. Die Tierzucht wird oft mit dem Argument verteidigt, dass *Nutz*tiere auf für den Pflanzenbau nicht geeignetem, hügeligem Weideland grasen und sich von Pflanzen ernähren können, die für Menschen unverdaubar sind. Dies gesteht ihnen einen rechtmäßigen Platz in der Ökologie der Landwirtschaft zu. In vielen Teilen der Welt hat das Weiden der Huftierherden jedoch verheerende Folgen für das lokale Ökosystem. Die Auswirkungen intensiver Beweidung sind völlig offensichtlich: Nicht nur der Zustand unserer Moorlandschaften, sondern sogar ein großer Teil der Wüste Sahara sind ein Produkt dieser Überweidung. In Brasilien beispielsweise verwüsten riesige Rinderfarmen einige der fruchtbarsten Böden, und immer mehr unersetzbarer Regenwald wird dem Auftrag geopfert, Fleisch für amerikanische Hamburger zu produzieren, obgleich das so gewonnene tropische Weide-

In Brasilien beispielsweise verwüsten riesige Rinderfarmen einige der fruchtbarsten Böden, und immer mehr unersetzbarer Regenwald wird dem Auftrag geopfert, Fleisch für amerikanische Hamburger zu produzieren.

land nur maximal 10 Jahre lang fruchtbar bleibt. Andererseits sind 60% der brasilianischen Bevölkerung unterernährt. In anderen lateinamerikanischen Ländern ist die Situation vergleichbar – bei einer Verfünffachung der Fleischexporte [innerhalb der letzten Jahrzehnte; Anm. d. Übers.].

In Großbritannien wie auch anderswo könnten wir Flächen, auf denen einst Bäume wuchsen, wieder aufforsten. Die entstehenden Wälder würden, im Gegensatz zu weidenden *Nutz*tieren, die Böden vor Erosion schützen und den Wasserhaushalt regulieren. Dies würde Dürren und Überschwemmungen verhindern, die Reinheit der Luft und die Bodenfruchtbarkeit nachhaltig und entscheidend verbessern und damit auch die Überlebenschancen der Menschheit. Tierdung ist zur Erhaltung der Bodenqualität nicht notwendig, solange Fruchtfolgen angebaut werden und die „Abfälle“ in den natürlichen Kreislauf zurückgeführt werden (Kompost). Einerseits mag es für Menschen (die das Land nicht wirklich lieben und verstehen) sehr bequem sein, im kleinen Maßstab ein oder zwei Ziegen darauf zu halten. Andererseits ist die Beweidung von Hügellandschaften, wie sie heutzutage praktiziert wird, ein unhaltbares Verfahren, das uns Millionen an Steuergeldern kostet.

Unser gesamter Energie- und Nahrungsbedarf könnte durch das vorhandene Agrarland gedeckt werden – sogar trotz unserer relativ hohen Bevölkerungsdichte –, wenn wir die Tierzucht aufgeben würden. Alles in allem schaden weidende Tiere jeder stabilen und schützenden Pflanzendecke des Bodens. Pflanzen und insbesondere Bäume sind unsere wertvollsten nachwachsenden Rohstoffe, die uns mit Treibstoff, Nahrung, Textilien, Kosmetika und beinahe allem anderen versorgen könnten, was menschlichem Einfallsreichtum noch entspringen mag.

Abgesehen von der Beendigung der abfallreichen und unsere Umwelt stark belastenden Massentierhaltung könnte eine Wirtschaftsform, die auf Pflanzenbau basiert, unsere derzeitige Abhängigkeit von nicht erneuerbaren – und weiter belastenden – Mineralölbrennstoffen nach und nach mindern und schließlich ganz beenden. Wir könnten noch einmal eine industrielle Revolution erleben, diesmal aber auf der Basis von erneuerbaren und sauberen Rohstoffen. Unser Land wieder mit Bäumen zu „bekleiden“, hätte atemberaubende soziale, ökonomische und politische Auswirkungen!

Das Meer

Leider hat unsere Abhängigkeit von tierlichen Produkten nicht nur unsere Landschaften entstellt und verarmen lassen, sondern auch den Meeren bedrohlich zugesetzt. Selbst einige „VegetarierInnen" verspeisen Fisch, ihr Gewissen vielleicht damit beruhigend, dass die Fische im Meer zumindest ein freies Leben gehabt haben. Doch die Heringsschwärme unserer Volkslieder waren vor dem Fangverbot Ende der siebziger Jahre durch Überfischung fast ausgerottet worden. Mittlerweile droht auch anderen, einst gewöhnlichen Arten die Ausrottung, obwohl sich die EU-Minister im Dezember 1991 ein Abkommen zur Begrenzung der Fischfangquoten abringen konnten, von dem UmweltschützerInnen jedoch meinen, dass seine Wirkung bei weitem nicht ausreichen wird.* Wir verspeisen also weiterhin vom Aussterben bedrohte Arten als Snack zwischendurch. Die Folge ist, dass die heute auf dem britischen Markt angebotenen Fische nicht mehr Kabeljau, Schellfisch oder Scholle heißen, sondern exotische Arten sind, die aus allen Weltmeeren stammen – nur nicht aus der Nordsee.

Bauern säen wenigstens, bevor sie ernten. Fischer hingegen ernten immer nur, und das mit unvorstellbarer Brutalität.

Die Fischerei ist ein sehr unsicheres Geschäft geworden, seit der Fischhandel zum weltweiten Big Business gehört; das Elend der Fischer aber ist nicht halb so groß wie das der Meeresbewohner. Seit Jahrzehnten verwenden die Fischereiflotten, allen voran die japanischen, riesige Netze, die sich Hunderte von Kilometern in den Ozean erstrecken; in ihren feinen Maschen verfangen sich nicht nur Fische, sondern auch andere Meerestiere und Seevögel. Japan hat sich mittlerweile zwar immerhin bereit erklärt, ab 1993 anderen Nationen zu folgen und die Treibnetzfischerei zu verbieten. Aber auch dies ist wieder einmal zu wenig und zu spät.

Bauern säen wenigstens, bevor sie ernten. Fischer hingegen ernten immer nur, und das mit unvorstellbarer Brutalität. Neben dem offensichtlichen Raubbau durch Treibnetzfischerei gibt es noch die Trawlerfischerei, bei der der Meeresboden oft mehrmals pro

---

* Mittlerweile müssen die EU-Staaten über die Hälfte der verzehrten Fische importieren. In Deutschland kann sogar nur noch ein Viertel des Fischkonsums durch eigene „Produktion" gedeckt werden. Die Schere zwischen Konsum und Produktion öffnet sich in der EU jährlich um 15-20%. – Quelle: Germanwatch, 2008

Jahr durchpflügt und Flora und Fauna hektarweise zerstört werden. Eine weitere Methode ist das Fischen mit fixierten Netzen: riesige, unsichtbare Netze werden tagelang großflächig über dem Meeresboden ausgespannt. An Bord werden dann die wertvollen Fische entnommen und das Netz mit den verfangenen, nicht gewollten Fischen wieder ins Wasser geworfen – eine zusätzliche Verschmutzung der Meere. Bei der kommerziellen Langleinenfischerei werden die Fische mit Haken gefangen, von denen Tausende an bis zu 100 km langen Leinen angebracht sind. An Bord geholt, sterben sie einen qualvollen Erstickungstod, der mehrere Stunden dauern kann. (Spätestens seit Veröffentlichung des Medway-Gutachtens von 1980 steht es außer Frage, dass alle Wirbeltiere, ob warm- oder kaltblütig, in der Lage sind, Schmerz zu empfinden). Es gibt bis heute keine Gesetzgebung, die, wie bei allen anderen zur Nahrungsmittelproduktion benutzten Tiere vorgeschrieben, die Schlachtung von Fischen überwacht.[23]

Es steht außer Frage, dass alle Wirbeltiere, ob warm- oder kaltblütig, in der Lage sind, Schmerz zu empfinden.

Auch die mit Fischen betriebene Massentierhaltung ist extrem schädlich für die Umwelt, und gerade sie liefert einen großen Teil der Fischkonserven in unseren Supermarktregalen. Es gibt bis heute allein in Großbritannien über 1000 Fischfarmen, die zusammen über 44.000 Tonnen Fisch pro Jahr produzieren.* Eine einzige Farm mit einem Fassungsvermögen für 300 Tonnen lebende Fische produziert die gleiche Menge Abwässer wie eine Stadt mit 100.000 Einwohnern. Diese Abwässer enthalten einen großen Teil der Chemikalien, mit denen versucht wird, die in den Farmen entstehenden Krankheiten unter Kontrolle zu halten.[24] Infolge des immer häufigeren Zusammenbruchs traditioneller Nahrungsmärkte entstehen diese Fischfarmen heute auch in vielen Entwicklungsländern (hier in erster Linie allerdings für Krabben und Garnelen, die genau genommen keine Fische sind). Dieser Industriezweig ist sehr kapitalintensiv, schafft aber kaum Arbeitsplätze. Nutznießer sind die großen Firmen, die das Kapital investiert haben. Außerdem hat dieser Zweig verheerende Folgen für die Ökologie der Küstengewässer.[25]

Auf dieser erschütternden Ebene spielt sich die „Fischerei" ab, auf deren Basis wir unsere städtischen Bevölkerungen mit Fisch ernäh-

* In Deutschland wurden 2002 knapp 50.000 Tonnen Fisch in Aquakulturen gezogen. – Quelle: Europäische Kommission, 2008

ren wollen. Der traurigste Aspekt der kommerziellen Fischerei ist aber – wie wir bereits sehen konnten – die Tatsache, dass 40-50% der weltweiten Fänge nur zur Mästung von Rinderherden oder industriell gehaltener Fische benutzt werden! Das muss sich ändern. Wir müssen die Ökologie der Meere als einen vitalen Teil der Atmosphäre und der klimatischen Stabilität unseres Planeten respektieren. Was uns die Meere hingegen geben können, sind Wind- und Wasserkraft, die unendlich erneuerbar bleiben.

Die Zukunft

Viele Wissenschaftler sind heute der Auffassung, dass weltweite Wiederaufforstung und die Rückkehr zu einer Wirtschaftsform, die auf Pflanzen basiert, unsere größten Hoffnungen sind. Trotz dieser Erkenntnis werden die ärmeren Nationen von den multinationalen Nahrungsmittelkonzernen dazu gebracht, eine westliche Ernährungsform auf der Basis tierlichen Proteins anzustreben. Eine – natürlich von westlichen Technologien abhängige – Massentierhaltung wird in vielen Teilen der „armen Welt“ erprobt. Diese Entwicklung führt dazu, dass nicht nur das Getreide, im wahrsten Sinne des Wortes, den Mündern der Armen vorenthalten wird, sondern dass sich das Ganze zu einem Desaster für die weltweite Rohstoffsituation auswächst. Versuche, die fleischzentrierte Ernährungsweise allen Menschen zu ermöglichen, werden mit der Zerstörung unserer Umwelt enden.

Weltweite Wiederaufforstung und die Rückkehr zu einer Wirtschaftsform, die auf Pflanzen basiert, sind unsere größten Hoffnungen.

Andererseits ist es der Harmonie und dem Frieden zwischen den Völkern nicht gerade förderlich, wenn eine solche Ernährungsweise, wie derzeit der Fall, nur den reichen Nationen möglich ist, denen der Fleischverzehr zur tiefverwurzelten Gewohnheit wurde. Durch lebenslange Beeinflussung entstand in uns der Glaube, Fleisch und Milch seien die wesentlichen Bestandteile unserer Nahrung. Wenn uns aber die ökologischen und ökonomischen Faktoren bisher nicht dazu bringen konnten, dies zu überdenken, so können das vielleicht einige gesunde Selbstinteressen und ein erweitertes Wissen über die Ernährung bewirken.

KAPITEL FÜNF

Ernährung

„Wir sind Primaten, und alle Primaten leben vegetarisch. Nur ein paar ganz bestimmte Arten verzehren Fleisch in geringen Mengen. Der menschliche Körper kann das gesamte Protein sowie die Mineralien und Vitamine, die er benötigt, aus pflanzlichen Quellen gewinnen. Das Bedürfnis, Fleisch und andere fetthaltige Nahrungsmittel zu verzehren, ist eine substanzielle Verschwendung, nach der wir schon früh im Leben süchtig werden. Während wir uns vergeblich bemühen, Herzkrankheiten und Krebs zu heilen, liegen die Hauptursachen dieser Krankheiten ganz nahe: direkt unter unseren Nasen, auf dem Esstisch."

Dr. Neal Barnard, Präsident des Physicians Committee for Responsible Medicine*

Unsere natürliche Nahrung

Unser Körper ist ganz offenbar dafür „geschaffen", vegetarisch ernährt zu werden, oder genauer gesagt, wie die großen Menschenaffen eine Nahrung zu verdauen, die aus Früchten, Nüssen und Schößlingen besteht. Damit sind wir nicht adäquat an den Fleischverzehr, geschweige denn an den Konsum der Milch anderer Tierarten angepasst.

In einer TV-Talkshow hörte ich einmal einen rundlichen Botaniker die typische Schmährede eines Fleischessers vom Stapel lassen, ungefähr folgenden Inhaltes: „Ha, ha ... die Vegetarier machen es genau falsch: Jeder weiß, dass die Verdauungsapparate der Pferde und Kühe den unseren absolut unähnlich sind. Man kann nicht von Grünzeug leben wie diese mickerigen Vegetarier es versuchen, ha, ha ...." – ein bestürzender Mangel an Information bei einem, der es eigentlich besser wissen müsste, und ein typisches Beispiel für die alltägliche Gehirnwäsche. Der Fleisch-Mythos übt in der Tat einen bedenklich großen Einfluss aus, wenn ein Wissenschaftler – vor Millionen Zuschauern! – solch einen Unsinn reden kann und ungeschoren davonkommt.

* Ärztekomitee für eine verantwortungsvolle Medizin

Zweifellos sind wir, im Gegensatz zu den Herbivoren (Pflanzenesser), nicht dafür geschaffen, Zellulose zu verarbeiten; dies ist sehr leicht zu erkennen – ohne zur Untersuchung der gefüllten Innereien ein Lebewesen aufschneiden zu müssen. Wir können zwar nicht von Gras leben, unterscheiden uns aber auch gänzlich von den in der Natur vorkommenden Karnivoren (Fleischesser). Aufbau und Organisation unserer Körperorgane sowie die Zusammensetzung unseres Blutes sind mit denen der großen Menschenaffen, also jener größeren, schwanzlosen Affen, wie Schimpansen und Gorillas, nahezu identisch.

Die Forscher unserer modernen Zeit besitzen noch keine gesicherten Erkenntnisse über die menschlichen Ursprünge. Dennoch sieht es ganz danach aus, dass sich die herkömmliche Anschauung, die frühen Menschen seien gewalttätige Jäger gewesen, als gänzlich falsch herausstellt. Die Bilder aus Geschichtsbüchern, auf denen keulenschwingende Rohlinge dargestellt werden, die ihre nächste Mahlzeit zu Tode prügeln, sind eine Fiktion. Sie sind allenfalls als Modell für die Ursprünge einer Kultur geeignet, die sich durch kriegslüsterne Selbstsucht entwickelt hat. Dies entspricht exakt der alten Schule der Geschichtsforschung, die Kriegsschlachten als „Meilensteine“ betrachtet. Sie setzt den jungen Menschen Geschichten von extremer Brutalität als „Erbe“ vor, anstatt sie als etwas darzustellen, worüber wir tief beschämt sein sollten.

Wir bezeichnen uns leichtfertig als Allesesser; aber wir sind dies nur durch unsere eigene Wahl, nicht jedoch vom Grundbauplan her.

Was die Ursprünge der Menschen angeht, ist es sehr viel wahrscheinlicher, dass wir als frugivore (Früchte essende) Kreaturen anfingen und erst als Folge der Migration in unwirtliche Gegenden oder nach Katastrophen wie einer Eiszeit, die die Pflanzendecke zerstörte, Fleisch zu essen begannen. Oder vielleicht veranlasste der Stress, der von der Bedrohung durch andere Arten ausgelöst wurde, die frühen Menschen dazu, sich der Gewalt und dem Fleischverzehr zuzuwenden. Ein solches Verhalten wurde bei den mit uns verwandten Schimpansen beobachtet, die in seltenen Fällen, zum Beispiel beim Vordringen menschlicher Siedlungen, beim Auftauchen von Kamerateams u.Ä., mitunter töten, um sich zu ernähren.

Aus welchem Grund genau die Menschen mit der ursprünglich vegetarischen Ernährungsweise brachen, ist nebensächlich. Nach den bisherigen Erkenntnissen der vergleichenden Physiologie ist die weitverbreitete Annahme, unsere Vorfahren seien primitive Jäger und Fleischesser gewesen, nun infrage gestellt. Angefangen bei Zähnen und Kiefern, weiter über den Speichel bis hin zum Verdauungskanal weisen unsere Körper gegenüber denen der Karnivoren wesentliche Unterschiede auf. Wir bezeichnen uns leichtfertig als Allesesser; aber wir sind dies nur durch unsere eigene Wahl, nicht jedoch vom Grundbauplan her. Unsere Körper ähneln sehr stark denen der frugivoren Menschenaffen; von den echten Omnivoren (Allesesser), die Fleisch, Aas und Pflanzen verzehren, unterscheiden wir uns in der Tat von Grund auf. Nach dem Verdauungsprozess im menschlichen Magen wird Fleisch im Darmtrakt mit Fäulnisbakterien durchsetzt. Karnivoren besitzen einen kurzen, glatten Darm zur schnellen Ausscheidung toxischer Abfallstoffe, unserer dagegen ist wesentlich länger. Die Ausscheidungen gesunder vegetarischer Säugetiere sind weitaus unschädlicher als die der Karnivoren!

Gesundheitsrisiken beim Fleischverzehr

Fleischverzehrende Nationen haben mit enormen Gesundheitsproblemen zu kämpfen, in erster Linie mit den sogenannten Degenerationskrankheiten und Überflusskrankheiten, hervorgerufen durch Anreicherung von Schadstoffen, mit denen unser Körper nicht umgehen kann. Diese Krankheiten erreichen die Ausmaße von Epidemien. In zahlreichen Studien wurde Krebs mit einer durch tierliche Produkte geprägten Ernährung in Zusammenhang gebracht. 1991 begann in Europa die bisher größte Untersuchung über die Verbindung zwischen Ernährung und Krebs. Der Imperial Cancer Research Fund* prognostizierte für diese Untersuchung eine Bestätigung der Annahme, dass eine an Obst und Gemüse reiche Ernährung das Krebsrisiko herabsetze, wohingegen der Konsum von Milch- und Tierprodukten sich als Risikofaktor herausstellen werde.**

Einen der neusten Anhaltspunkte dafür, dass Fleisch krebserregend ist, lieferte die Arbeit einiger Forscher der Lawrence Livermore National Laboratories in Kalifornien (dokumentiert im New

* Britischer Krebsforschungs-Fonds

** Nach 15 Jahren haben die Zwischenergebnisse der europaweit laufenden EPIC-Studie im Jahre 2006 dies bestätigt. Obst und Gemüse verringern das Risiko vieler Krebsarten, Fleisch und Fleischwaren erhöhen es. – Quelle: Deutsches Institut für Ernährungsforschung, 2008

Scientist, 20. März 1993). Die Wissenschaftler waren erstmals in der Lage, ein Masse-Beschleunigungs-Spektrometer zu verwenden, das sonst von Geochemikern und Geologen eingesetzt wird, um das Alter von Gesteinen zu bestimmen. Mit diesem Gerät konnten sie die genetischen Schäden messen, die von sehr gering konzentrierten Chemikalien hervorgerufen wurden. Sie waren damit in der Lage, die Wirkung des sehr starken tierlichen Krebserregers Methylimidazoquinoxalin zu messen, das DNA-Material an Zellen bindet und so Wucherungen hervorruft, die den Beginn der meisten Mutationen und Tumore darstellen. Beim Kochen und Braten von Fleisch wird dieser Stoff in geringen Mengen gebildet. Diese neue Untersuchung zeigt, dass Methylimidazoquinoxalin auch in wesentlich kleineren Mengen noch potent ist, als bisher messbar war.

Es gibt in unserer Ernährung keinen echten Bedarf an Fleisch, doch es steht fest, dass wir Obst und Gemüse wirklich notwendig brauchen. Letztere sind die wichtigsten Quellen für die Vitamine C, E und Beta-Karotin (das unser Körper zu Vitamin A umwandelt), die den Kern einer Reihe lebenswichtiger Schutzsubstanzen, der sogenannten Antioxidantien, bilden. Es wird angenommen, dass diese Antioxidantien vor vielen Krankheiten schützen, z.B. vor Herzerkrankungen und Krebs, indem sie die hochtoxischen Nebenprodukte der Körperchemie, die sogenannten freien Radikale, deaktivieren.

Es gibt in unserer Ernährung keinen echten Bedarf an Fleisch, doch es steht fest, dass wir Obst und Gemüse wirklich notwendig brauchen.

Seit Jahrzehnten wird vermutet, dass der übermäßige Konsum tierlichen Proteins auch noch andere Gefahren in sich birgt; allerdings setzt sich eine so unerwünschte Erkenntnis nur langsam durch. Heute wird im Zusammenhang mit dem hohen Fleischkonsum der Nachkriegszeit offensichtlich, dass wir irgendetwas grundlegend falsch machen. Die wunderbare Reinigungskraft unserer Leber hilft uns zwar, jene giftigen Substanzen zu verarbeiten, die sich im Darm von fleischessenden Menschen ansammeln (Skatol, Indol, Tryamin, Phenylethylamin und deoxycholische Säure), und auch ein aktives Leben mit viel frischer Luft wirkt sich positiv aus. Doch die meisten Menschen mittleren Alters leiden in verschiedenen Stadien an so manchem chronischen Gebrechen. Neben der Ernährung beeinflussen offenbar eine ganze Reihe anderer Faktoren unsere Gesundheit. Ebenso wichtig wie die Art der Nahrungsmittel ist ihre Qualität, die von der Bodenfruchtbarkeit, der Menge der chemischen Immissionen und den industriellen Herstellungsverfahren entscheidend geprägt wird. Unabhängig davon bin ich überzeugt, dass sich tierliche Produkte an sich schädlich auf den menschlichen Körper auswirken, wie gesund und biologisch der Speiseplan, auf dem sie stehen, auch immer gestaltet sein mag.

Das Fleisch, das wir zu uns nehmen, gleicht also eher der Nahrung der natürlichen Aasesser.

Allein das Risiko bakterieller Infektionen reicht aus, um Fleisch als ein höchst bedenkliches Nahrungsmittel einzustufen. Sobald bei einem Tier der Tod eintritt, beginnt die Verwesung, so dass sich Fleisch per definitionem grundsätzlich in einem Stadium des Verfalls befindet. Das Fleisch, das wir zu uns nehmen, gleicht also eher der Nahrung der natürlichen Aasesser als jener frischen Nahrung jagender Tiere, die immer sofort verspeist wird. Für den Menschen gefährliche Bakterien wie Salmonellen finden sich nicht nur in kontaminiertem Fleisch, sondern zählen zu den ständigen, natürlichen Bewohnern toten Fleisches. Kein Wunder, dass die offiziellen Zahlen einen stetigen Anstieg der Häufigkeit gemeldeter Fälle von Lebensmittelvergiftung dokumentieren, zumal Bakterien zunehmend Resistenzen gegen Antibiotika entwickeln und das menschliche Immunsystem überfordern. Die modernen Zuchtmethoden machen Fleisch zu einem potenziell sogar noch gefährlicheren Lebensmittel. Weil Krankheiten sich unter eng zusammengepferchten Tieren sehr schnell ausbreiten, wird ein Züchter der gesamten Herde prophylaktisch Antibiotika verabreichen, wenn nur ein einziges Tier infiziert ist. In der Intensivzucht werden Schweine von Geburt an bis zur Schlachtung mit Drogen gefüttert. Dieses Vorgehen hat zum Auftreten der Superbazillen geführt: Bakterien, die gegen fast alle Antibiotika resistent sind. Verseuchte Lebensmittel sind daher heute eine wesentlich ernstere Bedrohung für die öffentliche Gesundheit als noch vor zwanzig Jahren. Fleisch ist für 80% aller Lebensmittelvergiftungen verantwortlich, Milchprodukte für fast die gesamten restlichen 20%.* 1991 bestätigten die vorläufigen Er-

* Auch das deutsche Bundesamt für Verbraucherschutz und Lebensmittelsicherheit warnt im Zusammenhang mit Lebensmittelvergiftungen: „Die meisten Vergiftungen entstehen beim Verzehr von Lebensmitteln tierlicher Herkunft, also Fleisch, Wurst, Eier oder Milchprodukten." – Quelle: www.bvl.bund.de, 2008

gebnisse einer Studie der Vegetarian Society, dass vegetarisch lebende Menschen weniger antibiotikaresistente Bakterien in sich tragen als fleischessende.

Selbst unter normalen Bedingungen können nur gründliches Kochen und Konservierung die Bakterien daran hindern, lebendig in unseren Körper einzudringen, da wir jene Einrichtungen der Karnivoren für den Umgang mit ihnen nicht besitzen: den kürzeren Darm und die zehnfach stärkere Bildung von Salzsäure im Magen. Ein Nahrungsmittel, das uns so schnell akut schädigen kann und das einer so intensiven Vorbehandlung unterzogen werden muss, kann schwerlich als unsere natürliche Nahrung angesehen werden. Der Verzehr großer Mengen Fleisch in Kombination mit industriell hergestellten, denaturierten Lebensmitteln kann verheerende Folgen haben, wie wir am Beispiel des Inuit-Volkes in der Arktis sehen.[77]

Fleischessende Menschen verzehren keine gesunden Tiere, sondern „krankhaft fettbeladene Kreaturen".

Die hohen Konzentrationen von Protein und Fett in einer auf Fleisch ausgerichteten Ernährung sind wahrscheinlich die Hauptursachen unserer modernen Überflusskrankheiten. Dies ist nicht verwunderlich, denn das „Schlachtvieh" wird in unseren Zuchtanstalten für den Fleischgroßhandel gemästet. Fleischessende Menschen verzehren keine gesunden Tiere, sondern „krankhaft fettbeladene Kreaturen" (Zitat Dr. Alex Comfort). Fett umgibt jeden Muskel und jede Faser. Erzeugt wird es in jenem besonderen Endstadium der Überfütterung, kurz vor der Schlachtung, um den besten Marktpreis für das Tier zu erzielen (zur Zeit des Schreibens rund £ 2.00 pro kg Totgewicht) [ca. 2,54 Euro; Anm. d. Übers.]. So hat beispielsweise das Bein (die Keule) eines Wildschweines 2,5 % Fett, während die Keule eines Hausschweines, dem jede Möglichkeit zu nennenswerter Bewegung verwehrt wurde, dagegen einen Fettanteil von 22 % hat. Wie Dr. Vernon Coleman in einem seiner populären Zeitungsartikel schrieb, „bräuchten wir ein Elektronenmikroskop und die Hände eines Mikro-Chirugen, um das Fett aus unserem Steak oder Sonntagsbraten zu entfernen".

Darüber hinaus haben die Tiere mit an Sicherheit grenzender Wahrscheinlichkeit große Mengen Antibiotika in sich (bei importiertem Fleisch auch Hormone), die wir Menschen mitverzehren. Es überrascht daher nicht, dass unser Gesundheitswesen so überlastet ist.

Der Bericht des Wissenschafts- und Erziehungsausschusses der British Medical Association* von 1986 stellte fest, dass „Vegetarier seltener an Fettleibigkeit, Herzkrankheiten, Bluthochdruck, schwerwiegenden Verdauungsstörungen sowie Krebs und Gallensteinen leiden". Viele andere Studien bestätigen die Gesundheitsrisiken einer fleischreichen Ernährung. Der erste Bericht chinesischer und amerikanischer Teams, der 1990/91 veröffentlicht wurde, dokumentiert die größte je durchgeführte Untersuchung über die Zusammenhänge zwischen Ernährung und Gesundheit. Diese Studie ergab, dass einige Degenerationskrankheiten, insbesondere Herzkrankheiten und einige Formen von Krebs, unter vegetarischen Bevölkerungsgruppen weitgehend unbekannt sind.[28]**

Gesundheitsrisiken durch Milchkonsum

Der hohe Milchverbrauch (die Briten konsumieren mehr Milch als jede andere europäische Nation) ist ebenfalls eine der Gewohnheiten, die sich schädlich auf unsere Gesundheit auswirken. Wenn unser Körper nachweislich schon nicht perfekt an den Verzehr von Fleisch angepasst ist, so ist er noch viel weniger an den Konsum der Milch einer anderen Spezies angepasst: bei näherer Betrachtung ist dies auch eine anomale Handlung. Milch ist Babynahrung, und die Menschen sind die einzigen Tiere (außer der domestizierten Katze), die als Erwachsene noch Milch zu sich nehmen. Wie das Blut befindet sich Milch unter normalen Umständen ganz und gar innerhalb des Körpers und wird unter Ausschluss der Luft an den Säugling weitergegeben. Genau wie Fleisch ist sie außerhalb des Körpers dem sofortigen Verfall und Verunreinigungen unterworfen, so dass drastische Verfahren wie die Pasteurisierung nötig sind, um sie genießbar zu halten.[29] Genau genommen dürften wir die Milch eines Tieres nicht einmal zu Gesicht bekommen, geschweige denn sie millionenfach in Flaschen abfüllen.

Nach dem Kindesalter lässt bei vielen Menschen die Möglichkeit zur Verdauung von Milchzucker (Laktose) allmählich nach. Und tatsächlich kann die Mehrheit der Weltbevölkerung keine

---

* Britischer Ärzteverband

** Im Laufe der Studie wurden diese Ergebnisse weiter bestätigt. Das abschließende Buch *The China Study* von Dr. T. Colin Campbell (2005) wurde zum Bestseller.

Milch vertragen, wenn sie nicht mit Kuhmilch von der Muttermilch entwöhnt wurden. „Vier verschiedene Untersuchungen legen nahe, dass 20-40% der Patienten im Alter von 5-17 Jahren, die in der Jugend wiederholt Unterleibsbeschwerden hatten, an Laktoseunverträglichkeit litten. Durch Ausschluss der Kuhmilch und ihrer Derivate aus der Ernährung kann hier Abhilfe geschaffen werden."[30] Milchallergien in der Kindheit sind den Eltern kleiner Kinder gemeinhin bekannt, und auch hier ist der Ausschluss von Milch aus der Ernährung das erste und einfachste Heilmittel sowohl für Erwachsene als auch für Kinder, die an Ekzemen leiden. Sogar der Babynahrungsproduzent Cow & Gate gibt in seiner Werbeliteratur zu, dass 5% aller Europäer* keine Milch vertragen, und hat natürlich eine Sojamilch entwickelt, um diese Marktlücke zu schließen.

Die Menschen sind die einzigen Tiere, die als Erwachsene noch Milch zu sich nehmen.

Augenscheinlich häufen sich weiterhin die Argumente gegen Milch. Ein kürzlich erschienener Bericht[31] bringt Jugenddiabetes mit dem Konsum von Kuhmilch in Zusammenhang. Offenbar behindert ein Milchprotein die Insulinproduktion. Doch unglaublicherweise entwickeln eben jene Mediziner, die diesen Zusammenhang entdeckten, jetzt einen Impfstoff, anstatt von der Ernährung kleiner Kinder mit Kuhmilch abzuraten.

Ebenso wie bei den sogenannten Allergien gegen Kuhmilch, die als Ekzeme, Asthma und Katarrhe in Erscheinung treten, ist nun erwiesen, dass es eine Verbindung zwischen starkem Milchkonsum und Herzkrankheiten gibt. In der Schweiz (wie auch in anderen europäischen Ländern) sinkt die Zahl der Todesfälle durch Herzkrankheiten parallel zum Milchkonsum (der zwischen 1951 und 1976 beinahe um die Hälfte zurückgegangen ist).[32] Bei europäischen und amerikanischen Kindern wurden alarmierend hohe Cholesterinwerte im Blut festgestellt. Dies hängt direkt mit dem Überkonsum gesättigter Fettsäuren zusammen, von denen ein hoher Prozentsatz über die Milch aufgenommen wird. Gefragt nach seiner Ansicht über die beste Vorbeugung gegen Herzkrankheiten, sagte Sir Douglas Black, seinerzeit Präsident der British Medical

* Neuere Erhebungen gehen davon aus, dass rund zwölf Millionen Deutsche laktoseintolerant sind. Weltweit vertragen rund 75% der Menschen keinen Milchzucker. Oft leiden die Betroffenen unter Beschwerden, ohne sich ihrer Laktoseintoleranz bewusst zu sein. – Quelle: Verein für Laktoseintoleranz e.V., 2008

Association: „Milch ist der größte Killer. Es ist Unsinn, den Kindern in Schulen Milch zu geben" (The Times vom 12. Juni 1984).

Die gesundheitlichen Risiken des Milchkonsums sind inzwischen weithin bekannt. Die Industrie versuchte den Markt zu behaupten, indem sie für Magermilch warb – ein sogar noch unnatürlicheres Produkt. Ohne Zweifel enthält Milch Spuren jener Drogen und Chemikalien, die von den Landwirten verwendet werden; und die Konzentration eingelagerter Gifte akkumuliert dramatisch in der Nahrungskette, so dass Milch wesentlich größere Mengen Schadstoffe enthält (Dieldrin, Fluorid, Strontium 90), als in Gemüse zu finden sind.

Weit davon entfernt, unsere natürliche Nahrung zu sein, wird Milch nur in bestimmten Zivilisationen und – bei Betrachtung der evolutionären Zeitskala – erst seit vergleichsweise kurzer Zeit konsumiert (6000 – 8000 Jahre). Reine Milchtierherden gibt es hierzulande erst seit dem späten 19. Jahrhundert. Es ist traurig, dass die im Kind noch vorhandene Fähigkeit, die perfekte Nahrung zu erkennen, sich im Erwachsenenalter zu einem Verlangen nach einem so unnatürlichen und potenziell schädlichen Produkt verzerrt hat. Ich benutze dieses Wort „Verlangen", weil die Nahrung, an die Babys gewöhnt werden, bei der Entstehung von Essgewohnheiten eine große Rolle spielt; und weil der Gebrauch von Milch eng mit unseren Lieblingsdrogen, Kaffee und Tee, verknüpft ist (wofür die Milchindustrie höchst dankbar sein dürfte).

Es stehen uns genügend andere Möglichkeiten zu Gebote, die benötigten Nährstoffe zu bekommen (und selbst, um unseren Kaffee zu weißen). Eine abwechslungsreiche vegane Ernährung enthält diese Nährstoffe reichlich. Wer einige Zeit vegan gelebt hat, wird sich nicht die geringsten Sorgen über die Zufuhr angemessener Mengen dieses oder jenes Nährstoffes machen. Ich persönlich habe festgestellt, dass eine Ernährung ohne tierliche Produkte, sofern sie frisch und abwechslungsreich ist, der Gesundheit absolut förderlich ist, auch und gerade im schwierigsten Test, bei Schwangerschaft und Milchbildung.

Mythos Eiweiß

Die meisten Menschen sehen in tierlichen Nahrungsmitteln die Hauptquelle für Proteine (Eiweiße), und sie werden von allen Seiten in dieser Ansicht bestärkt, angefangen beim Hauswirtschaftsunterricht in der Schule bis hin zu den Rezeptseiten der Illustrierten. In der Tat steht „Protein" für die meisten Menschen synonym für Fleisch, Fisch, Käse und Eier. Sie sehen keine Verbindung zwischen Eiweiß einerseits und Getreide, Hülsenfrüchten oder Gemüse andererseits. Auf diesem Auge sind sie völlig blind – als ob Gemüse keinerlei Eiweiß enthielte. Die Menschen verschreiben sich dem Proteinmythos, ohne überhaupt zu wissen, was diese magische Substanz eigentlich ist.

Eine Kombination von Getreide und Hülsenfrüchten spiegelt die traditionellen Ernährungsgrundlagen vieler früherer und heutiger Kulturen wider.

Eiweiß besteht aus etwa 20 Aminosäuren, d.h. Verbindungen von Stickstoff und anderen Elementen, die die Ausgangsstoffe allen pflanzlichen und tierlichen Körpermaterials sind. Auf dem durchschnittlichen britischen Speiseplan liefern Brot und Getreideprodukte ebenso viel Eiweiß wie Fleisch[33], allerdings in einer Form, die unsere Nieren besser verarbeiten können als die hochkonzentrierten tierlichen Proteine. Dies hängt mit Menge und Anteilen der Stickstoffverbindungen zusammen.

Körner und Samen sind reichhaltige Eiweißquellen, enthalten aber nur geringe Anteile zweier für den Menschen essenzieller Aminosäuren (Lysin, Threonin); Hülsenfrüchte wie Erbsen, Bohnen, Sojabohnen, u.a. dagegen enthalten hohe Anteile dieser beiden Aminosäuren, während in ihnen nur geringe Mengen zweier anderer Aminosäuren (Methionin, Cystein) vorkommen, die wiederum von Getreide geliefert werden. Nahrung, die aus beiden Gruppen zusammengestellt wird, schafft daher ein Gleichgewicht; die Forschung hat jedoch inzwischen gezeigt, dass dies nicht innerhalb einer Mahlzeit geschehen muss.[34] Essen wir Brot für sich, sind die überschüssigen Aminosäuren zwar nicht vergeudet, werden aber als Energie verbrannt. Fleisch und Milch enthalten Aminosäuren in angemessenen Mengen, doch die herkömmliche Ansicht, sie seien Proteinlieferanten erster Klasse, ist heute grundlegend überholt. Sojaprodukte und verschiedene Nusssorten sind die besseren Proteinquellen.

Eine Kombination von Getreide und Hülsenfrüchten spiegelt die traditionellen Ernährungsgrundlagen vieler früherer und heutiger Kulturen wider: z.B. Reis und Dhal in Indien, Mais und Bohnen in Mexiko und das amerikanischen Erdnussbutter-Sandwich (Erdnüsse sind Hülsenfrüchte), etc. Gleichzeitig nimmt eine solche Kombination traditionelle Agrikultur-Verfahren wieder auf. Fruchtwechsel mit Hülsenfrüchten ist bekanntermaßen notwendig für gesunden Ackerbau. Was dem Boden zugute kommt, wird sich schließlich auch auf uns positiv auswirken.

Im Europa und den USA der 1950er und 1960er Jahre stilisierten Wissenschaftler und EG-Befürworter das Eiweiß in Fleisch, Fisch und Eiern gleichsam zu einem Elixier. Die industriell betriebene Tierzucht wuchs an diesem Mythos, begleitet von „Wissenschafts"-Büchern, die von einer ganzen Generation von Schulkindern studiert wurden – Bücher, die die Möglichkeit, Gemüse und Getreide könnten adäquate Proteinquellen sein, einfach ignorierten. Heutzutage verliert der Eiweißmythos zwar erheblich an Einfluss (die Fleischwerbung hat sich mittlerweile auf die Mineralien konzentrieren müssen), in vielen Schulen wird aber noch immer viel Falschwissen zum Thema Nahrungseiweiß gelehrt. Immerhin werden wir heutzutage öffentlich dazu angehalten, Nahrungsenergie hauptsächlich über komplexe Kohlenhydrate aufzunehmen: Getreide, Kartoffeln und Hülsenfrüchte – die gleichzeitig reichhaltige Eiweißquellen sind. Die offiziellen Empfehlungen zur für eine ausgewogene Ernährung notwendigen Proteinmenge wurden während der letzten Jahrzehnte immer wieder nach unten hin korrigiert und liegen heute bei 10% der Nahrungsenergiemenge. Hülsenfrüchte enthalten 27%, Nüsse und Samen 13% und Getreide 12% Eiweiß. Eine Ernährung auf der Basis von Getreide und Hülsenfrüchten enthält also eindeutig genügend Eiweiß.

Im Europa und den USA der 1950er und 1960er Jahre stilisierten Wissenschaftler und EG-Befürworter das Eiweiß in Fleisch, Fisch und Eiern gleichsam zu einem Elixier.

Der individuelle Bedarf variiert zwar stark, aber im Allgemeinen liegt die Empfehlung für erwachsene Menschen bei durchschnittlich 50 g Eiweiß pro Tag. Auch diese Menge ist in einer durch Getreide, Hülsenfrüchte und Gemüse geprägten Ernährung reichlich enthalten, sofern genügend Nahrungsenergie zugeführt wird – was der Fall ist, wenn ein gesunder Appetit befriedigt wurde.

Vegan lebende Menschen müssen sich über die Zufuhr der Elemente aus jenen zwei Pflanzengruppen (Samen und Hülsenfrüchte) nicht den Kopf zerbrechen, sondern sie werden feststellen, dass diese Elemente in ihrer Nahrung ohnehin vorhanden sind. Bei aufwachsenden Kindern und Kleinkindern sollte jedoch ein wenig Sorge getragen werden, solange sie zu klein sind, um die bei veganer Ernährung oft nötige Extraportion zu verarbeiten. Für diesen Fall sind handelsübliche Sojamilchprodukte ebenso brauchbar wie selbstgemachte Nussmilch und Nusscremes (z.B. mit Wasser verrührte, gemahlene Erdnüsse). Aufgrund seines hohen Eiweiß- und Kalziumgehaltes ist auch Tofu gut für Kinder. Für Babys ist ganz eindeutig Muttermilch die einzige geeignete Nahrung – sie enthält übrigens weniger Proteine als Kuhmilch.

Die größere Masse und der hohe Anteil an Ballaststoffen in gesunder veganer Kost führt dazu, dass das Risiko von Krankheiten, die in Verbindung mit Ballaststoffmangel in einer Ernährung auf Basis tierlicher Produkte auftreten – von Verstopfung bis hin zu Magenkrebs –, sich stark verringert.

Für all die übergewichtigen Menschen mittleren Alters (denen zeitlebens weisgemacht wurde, Kohlenhydrate würden dick machen, wohingegen tierliches Protein der Stoff des Lebens sei) ist es eine Tragödie, dass der Proteinmythos erst jetzt zu bröckeln beginnt.

Ein kleines Anzeichen dieses stattfindenden Meinungswandels sind die Ernährungsempfehlungen des britischen Sportrates, die im Januar 1983 an die olympischen Athleten ausgegeben wurden. In diesen wurde hervorgehoben, dass unraffinierte Kohlenhydrate die konzentrierten tierlichen Eiweiße ersetzen sollten, weil sie den Athleten zu einer höheren Leistungsfähigkeit, zu mehr Energie und Ausdauer verhelfen. „Frisches Obst und Gemüse steigern die Leistungsfähigkeit der Zellen und verbessern den Wirkungsgrad der Sauerstoffausnutzung.“[35] Diese „Kohlenhydrat-Mast“ hat inzwischen das Steak als Mahlzeit vor dem Match verdrängt, und es gibt mittlerweile viele gesunde, vegane Athleten (z.B. einer der erfolgreichsten Leichtathleten aller Zeiten, Sprintweltmeister Carl Lewis)*, die beweisen, dass tierliche Proteine für erstklassige Gesundheit und Fitness in der Ernährung nicht notwendig sind.

---

* Im deutschsprachigen Raum ist wohl der Arzt und Bodybuilding-Weltmeister Dr. Alexander Dargatz der bekannteste vegane Spitzensportler.

Andere Nährstoffe

Vor 1912 war kein definitives Wissen über Vitamine vorhanden, und ihre Erforschung ist bis heute noch keineswegs abgeschlossen.

Vitamin B_{12}

Vor vielen Jahren sagte mir jemand, den ich respektierte, Vitamin B_{12} sei das tierliche Vitamin schlechthin, und ohne es würden wir sterben. Aufgrund dieser erschreckenden Information kam ich zu dem Schluss, VeganerInnen seien Spinner, und beschäftigte mich zunächst nicht weiter mit diesem Thema. Die komplexe Wirkungsweise dieses Vitamins ist zwar noch nicht bis ins Letzte erforscht, es steht aber fest, dass es für unseren Körper existenziell wichtig ist. Es trägt zur Funktion unseres Nervensystems sowie zur Blutbildung bei, und die Folgen eines B_{12}- Defizites im Körper können verheerend sein. Dies hängt jedoch stärker von anderen Ernährungsfaktoren ab als von der tatsächlich aufgenommenen Menge des Vitamins. Ein Mangel ist bei FleischesserInnen, die eine relativ geringe Folsäure-Zufuhr haben, eher die Regel als bei vegan lebenden Menschen, da Folsäure für die B_{12}-Aufnahme nötig ist. Letztere würden einen möglichen B_{12}-Mangel in jedem Fall recht schnell bemerken, denn dieser führt zu ernsten Gesundheitsproblemen.

Ein Mangel ist bei FleischesserInnen, die eine relativ geringe Folsäure-Zufuhr haben, eher die Regel als bei vegan lebenden Menschen, da Folsäure für die B_{12}-Aufnahme nötig ist.

Das Vitamin wird von Mikroorganismen, wie Hefepilzen und Bakterien, produziert. In Gemüse kommt es eher selten vor, und zwar dann, wenn dieses mit diesen Organismen „infiziert" wurde. Pflanzen enthalten Vitamin B_{12} nur, wenn sie an Standorten wachsen, an denen Bodenmikroben es herstellen und die Pflanzen es dann aufnehmen können (z.B. bei Beinwell-Anbau auf sehr fruchtbaren Böden und Algenzucht in der Nähe von Abwässerausflüssen). Wie immer ist die Qualität der Nahrung eng mit der Bodenqualität verknüpft. Wie alle tierlichen Ausscheidungen ist auch der Kot von Regenwürmern reich an Vitamin B_{12}, und unter bestimmten Voraussetzungen kann es von Gemüsepflanzen aufgenommen werden. Wer sich jedoch nicht allein auf ökologisch angebautes Gemüse verlassen will, kann zusätzlich Hefeextrakte oder angereicherte Nahrungsmittel zu sich nehmen. Kommerziell genutztes Vitamin B_{12} wird von Bakterien produziert, die auf pflanzlichem Nährboden kultiviert werden.

Möglicherweise können wir Menschen das Vitamin in unserem Darmtrakt synthetisieren. Diese Fähigkeit könnte sich jedoch mit der Hinwendung zur omnivoren Ernährung verringert haben, weil sich hierdurch die bakterielle Darmflora verändert. Die ständige Aufnahme von Chlor über unser Trinkwasser wird die Tätigkeit der Mikroorganismen in unserem Darmtrakt nicht gerade fördern, und die moderne Hygiene verhindert die zufällige Aufnahme von Bakterien aus der Umwelt. Frühe VeganerInnen (denen dieses Vitamin samt seiner Funktionen unbekannt war) könnten die Fähigkeit, das von Mikroorganismen im Darm erzeugte B_{12} zu nutzen, entwickelt oder wiederentwickelt haben. Verschiedene Studien haben ergeben, dass sich die Aufnahmefähigkeit des Körpers bei steigender Zufuhr des Vitamins vermindert.[36] In Anbetracht so vieler variabler und unbekannter Faktoren ist es wahrscheinlich, dass der B_{12}- Bedarf individuell stark variiert. In jedem Fall aber ist die Aufnahme von 2,0 Mikrogramm täglich eine gute Absicherung. Diese Menge ist enthalten in fermentierter Nahrung wie Tempeh, Miso und Shoyu sowie in Hefeextrakten, verschiedenen angereicherten Nahrungsmitteln (siehe die jeweilige Zutatenliste) oder in Vitaminpräparaten.* Das in unserer Leber eingelagerte B_{12} (es kann dort jahrelang gespeichert werden) wird auf die Muttermilch übertragen. Ein Defizit ruft bei Säuglingen irreversible, ernste Probleme hervor. Ich selbst habe während der Stillzeit sicherheitshalber für zusätzliche B_{12}-Zufuhr durch Vitamintabletten gesorgt.

---

* Nach neueren Erkenntnissen und einem offenen Brief von anerkannten Ernährungsexperten und veganen Organisationen stellen angereicherte Nahrungsmittel und Nahrungsergänzungsmittel die einzige verlässliche vegane Quelle von Vitamin B_{12} dar. Sofern nicht ausreichend mit Vitamin B_{12} angereicherte Nahrungsmittel konsumiert werden, sollte auf jeden Fall supplementiert werden. Bioprodukte werden übrigens nicht mit Vitaminen angereichert. – Quelle: Veganhealth.org, 2008

Vitamin D

Ein weiterer Nährstoff, der für vegan lebende Menschen von besonderem Interesse ist, ist Vitamin D. Dieses Vitamin ist essenziell für Knochen- und Zahnaufbau, weil es an der Kalzium- und Phosphoraufnahme beteiligt ist. Bei Sonnenbestrahlung stellt unsere Haut es selbst her. Würden wir in völliger Dunkelheit leben, wären Eier, Milchprodukte und Fisch vielleicht geeignete Nahrungsquellen.

Das Vitamin kann durch Bestrahlung pflanzlicher Öle künstlich hergestellt werden und es ist [in Großbritannien, nicht in Deutschland; Anm. d. Übers.] ein obligatorischer Zusatz jeder Margarine, so dass vegan lebende Menschen sich hierüber keine Gedanken machen müssen. Auch für diesen Nährstoff gibt es also nicht-tierliche Quellen! Vegane Margarinen sind inzwischen vielerorts erhältlich, aber Sonnenlicht bleibt natürlich für alle Menschen, unabhängig von ihrer Ernährungsform, die wichtigste Quelle dieses Vitamins. Direkte Sonnenbestrahlung hingegen ist nicht notwendig: Schon einfaches Tageslicht auf Gesicht und Armen stimuliert die Vitaminbildung. Für Menschen, die ein gesundes Leben führen und oft im Freien sind, ist eine zusätzliche Aufnahme über die Nahrung nicht notwendig.

Schon einfaches Tageslicht auf Gesicht und Armen stimuliert die Vitaminbildung.

Kalzium

Dieses Mineral bedarf der Erwähnung, um den irreführenden Informationen aus der Milchwerbung entgegenzutreten. Kalzium ist das Mineral, das im Körper in der größten Menge vorhanden ist. Es kommt in dunkelgrünem Blattgemüse vor, in Tofu (viermal so viel wie in Milch), in Samen, Getreide und Nüssen. Kalziummangel als solcher ist praktisch unbekannt. Der Hauptgrund für Probleme bei der Knochenbildung ist ein Mangel an Vitamin D. Außerdem hat sich inzwischen herausgestellt, dass Kalzium, bei hoher Zufuhr tierlicher Proteine (z.B. in Milchprodukten), dem Körper über den Urin verloren geht.[37] Osteoporose tritt bei Bevölkerungsgruppen mit hoher Aufnahme tierlicher Proteine häufiger auf, bei vegetarischen Frauen über 50 hingegen wesentlich seltener als bei ihren omnivoren Schwestern. Das amerikanische

Dairy Council* gab ein Vermögen aus, um das Gegenteil zu beweisen, was ihm trotz erheblichen Forschungsaufwandes jedoch nicht geglückt ist.[38]

Milch wird im Allgemeinen für reich an Kalzium gehalten; Sonnenblumenkerne enthalten jedoch die gleiche Menge, Grünkohl die doppelte und Sesamsamen die elffache Menge Kalzium. Ein Viertelliter Milch gibt dem Körper 350 mg, während eine Portion Spinat 540 mg Kalzium liefert. Eine abwechslungsreiche vegane Ernährung, einschließlich der oben genannten Nahrungsmittel, würde mit Sicherheit nicht zu einem Kalziummangel führen.

Eisen

Dies ist ein weiteres Mineral, dem die Werbung viel Aufmerksamkeit schenkt. In diesem Fall ist es die Fleischindustrie, die uns mit ihrer Werbung glauben machen möchte, wir bräuchten Fleisch, um uns mit Eisen zu versorgen. Aber selbst FleischesserInnen ziehen nur ungefähr ein Fünftel des benötigten Eisens aus Fleisch. Der hohe Vitamin-CGehalt gesunder veganer Kost fördert die Eisenaufnahme, so dass vegan lebende Menschen aus Nüssen, Hülsenfrüchten, Getreide und Samen mehr Eisen aufnehmen, als zur Deckung des täglichen Bedarfes nötig ist. Eine Werbeanzeige für Fleisch stellte fest, dass „ein mageres 180 g-Steak ungefähr ein Drittel unseres empfohlenen täglichen Bedarfes deckt", erwähnt aber natürlich nicht, dass diese Menge schon in 30 g Pistazien, 100 g Spinat oder 160 g Brot aus Vollkornmehl enthalten ist.

Der hohe Vitamin-C-Gehalt gesunder veganer Kost fördert die Eisenaufnahme.

Fette

Die Gefahren gesättigter Fettsäuren (hauptsächlich in Tierfetten) haben in den letzten Jahren häufig Schlagzeilen gemacht. Es ist aber wichtig, darauf hinzuweisen, dass der Körper Fette braucht. Wir sollten ungefähr 30 % unseres Energiebedarfes (bei Säuglingen und Kleinkindern etwas mehr) durch Fette decken, wovon aber höchs-

* Verband der Milchindustrie

tens ein Drittel gesättigte Fettsäuren sein sollten. Die gebräuchlichsten pflanzlichen Speiseöle und Pflanzenfette enthalten Anteile von beiden Typen. Am bekömmlichsten sind Sonnenblumen-, Soja-, Raps-, Oliven- und Keimöl.

Vegan lebende Menschen sollten wie alle anderen Menschen auch auf die versteckten Fette in konservierten Nahrungsmitteln, Kuchen und Gebäck, etc. achten, brauchen sich aber um ihren Blutcholesterinspiegel nicht zu sorgen, sofern sie nicht erblich bedingte Probleme damit haben.

Fischöle werden neuerdings als Allheilmittel für Menschen angepriesen, die ihre Gesundheit durch übermäßigen Konsum tierlicher Fette ruiniert haben. Es muss aber darauf hingewiesen werden, dass Fischöl keinerlei Fettsäuren enthält, die erwiesenermaßen essenziell sind. Laut COMA-Bericht[39] von 1991 sind die zwei folgenden Fettsäuren essenziell: Linolsäure, die in den meisten Pflanzenölen enthalten ist, und die Alpha-Linolsäure, die in Soja-, Raps-, Walnuss- und Leinöl sowie in Blattgemüse und in allen Weizenprodukten vorkommt. Aus diesem Grund können wir auf Fisch für unsere Ernährung ganz verzichten.

Wie alle Nährstoffe stellen auch die Fette bei abwechslungsreicher veganer Kost kein Problem dar. In der Tat sind die sich vegan ernährenden Menschen die einzige Bevölkerungsgruppe, die die offiziellen Empfehlungen zur Fettaufnahme am besten einhält.

In der Tat sind die sich vegan ernährenden Menschen die einzige Bevölkerungsgruppe, die die offiziellen Empfehlungen zur Fettaufnahme am besten einhält.

Täglicher Bedarf

Ich empfinde es als wenig hilfreich, über empfohlene tägliche Vitaminmengen etc. zu diskutieren, denn bei einem gesunden Nahrungsbewusstsein wird sich die Ernährung auf natürliche Weise ausbalancieren. Dennoch habe ich eine Liste jener Nahrungsmittelgruppen zusammengestellt, deren tägliche Aufnahme empfehlenswert ist. Sie mag Menschen, die sich der veganen Ernährungsform annähern, als Leitfaden dienen:

1. Weizen, Roggen, Gerste, Hirse, Reis, Mais etc. und Getreide z.B. in Vollkornbrot, Haferflocken, Nudeln

2. Hülsenfrüchte (Bohnen, Erbsen, Linsen etc.), Nüsse, Samen
3. Frisches Obst
4. Trockenobst – Datteln, Aprikosen) Rosinen) etc.
5. Salate und Gemüse – besonders die grünen, orangefarbenen und roten Sorten
6. Sojaprodukte – Sojamilch, Sojamehl, Tofu, TVP (texturiertes vegetabiles Protein)
7. Öle und Fette
8. Kartoffeln – alternativ zu Getreide
9. Hefeextrakte oder fermentierte Produkte (Tempeh, Miso, etc.)

Unser Körper besitzt die wunderbare Fähigkeit, in Zeiten knapper Versorgung die Nährstoffabsorption zu steigern. Hauptsache, Du stillst Deinen Appetit und achtest dabei insgesamt darauf, dass Dein Speiseplan all diese Gruppen enthält. Eine Nährwerttabelle findest Du im Anhang des Buches. Solange Du Dich abwechslungsreich ernährst und großzügig frische Rohkost mit einbeziehst, ist alles in Ordnung. Schwangere oder stillende Mütter sollten sich auf jeden Fall eingehender mit dem Thema Ernährung beschäftigen (siehe Literatur).

Es ist sehr erfreulich, dass der Bericht des National Advisory Council on Nutrition Education von 1983, der nach wie vor die Basis für professionelle Ernährungsberatung bildet, weitestgehend bestätigt, was VeganerInnen schon seit Jahren wissen.

Die sieben wichtigsten Empfehlungen dieses Berichtes sind:

1. Verringerung der Gesamt-Fettaufnahme Reduzierung des nationalen Durchschnitts der Energieaufnahme über Fett von 40 % auf 30 %
2. Verringerung der Aufnahme gesättigter Fettsäuren
3. Höhere Aufnahme mehrfach ungesättigter Fettsäuren
4. Reduzierung des Zuckerkonsums
5. Reduzierung des Salzkonsums
6. Höhere Aufnahme von Ballaststoffen von rund 30 g pro Tag
7. Zum Ausgleich für die reduzierte Fettaufnahme eine gesteigerte Aufnahme komplexer Kohlenhydrate (Getreide, Kartoffeln, Hülsenfrüchte)

Wer sich also von der normalen Ernährung abwendet und einer veganen Ernährung zuwendet, wird ganz von selbst und unmittelbar fünf dieser sieben Anforderungen erfüllen.

Was den Bedarf an hier noch nicht erwähnten Nährstoffen angeht, zum Beispiel die vielen anderen Vitamine und Mineralien, so können wir selbst aus orthodoxen Ernährungs- und Kochbüchern entnehmen, dass alle diese Stoffe im Pflanzenreich angeboten werden. Spare nicht an eisenhaltigen Lebensmitteln und denke besonders auch an den Wert von grünen Blättern, je dunkler desto besser. Die Photosynthese ist der allerwichtigste Prozess der Erde, und Chlorophyll tritt immer in Verbindung mit den verschiedensten lebenswichtigen Vitaminen auf. Die herrlichen Farben einer ansprechend servierten und ausgewogenen veganen Mahlzeit werden immer auch ein Dunkelgrün enthalten.

Warum (strikt) vegan?

Die meisten vegan lebenden Menschen sind sehr gesund. Sie haben es auf sich genommen, sich selbst in Sachen Ernährung zu bilden, und führen ein ganz normales Leben, ohne viel über Ernährung nachdenken zu müssen. Aber der „Fleisch- und Milch-Mythos“ beeinflusst unsere Kultur so stark, dass neue VeganerInnen sich zunächst oft große Sorgen um die Aufnahme der korrekten Nährstoffmenge machen. Dies entspringt dem reaktionären Denken, vegane Ernährung sei eher „unvollständig und mangelhaft“; sie ist aber vielmehr eine ganzheitliche, nahrhafte und abwechslungsreiche Ernährungsform. Vegan lebende Menschen müssen es nicht „schaffen“, ohne tierliche Produkte auszukommen; sie sehen sie vielmehr nicht länger als adäquate Nahrungsmittel an und haben ganz einfach nicht mehr das Bedürfnis, sie zu verzehren.

Vegan lebende Menschen müssen es nicht „schaffen“, ohne tierliche Produkte auszukommen; sie sehen sie vielmehr nicht länger als adäquate Nahrungsmittel an und haben ganz einfach nicht mehr das Bedürfnis, sie zu verzehren.

Dies mag jenen, die die vegane Ernährung noch nicht angenommen haben, als sehr strikt erscheinen. Ich persönlich empfand aber die Entscheidung, auf tierliche Nahrungsmittel zu verzichten, als tiefe innere Befriedigung und als Erlösung aus dem Kreislauf von Ausbeutung und Leid. Es war ein Schritt, der mein Leben entscheidend verbesserte. Rückblickend betrachtet war es eher eine Befreiung als ein Akt der Selbstdiziplin. Das Motiv dafür, dass VeganerInnen so sorgsam wie möglich auf die Vermeidung tierlicher Produkte achten, ist keine bigotte Attitüde mit dem Zweck, die moralische Integrität makellos zu erhalten (als ich selbst noch Allesesserin war, hielt mich mein diesbezüglicher Argwohn allerdings ebenfalls vom Vegetarismus fern); wir halten es aber für wichtig, anderen zu verdeutlichen, dass die Gesundheit ohne den Konsum tierlicher Produkte nicht nur optimal aufrechterhalten wird, sondern sich definitiv verbessert.

Genehmigen wir uns jedoch – und sei es nur ab und zu – weiterhin Milch und Eier, so stützen wir damit nicht nur einen Industriezweig, dessen Stillegung wir uns eigentlich wünschen, sondern untergraben vor allem auch die Bemühungen für die Verwirklichung eines echten Vegetarismus. Außerdem trifft es zu, dass Fleisch und Milch nach einer gewissen Zeit konsequent vegetarischer Lebensweise wenig begehrenswert und sogar abstoßend und unwürdig zu wirken beginnen. VeganerInnen sind nach wie vor Pioniere in dem Sinne, dass sie anderen ein Beispiel dafür geben sollten, wie sie mit gesundem Menschenverstand und gesunder Nahrung Wohlbefinden und Gesundheit fördern.

Aus ernährungswissenschaftlicher Sicht spricht alles für die vegane Ernährung.

Andererseits kann gerade dieses ständige „Flagge-Schwingen“ auch abstoßend wirken. Es ist jedoch notwendig in einer Zeit, in der die reiche Welt sich verändern muss, sofern sie überleben will und zwar sowohl unter ökonomischen als auch unter gesundheitlichen Gesichtspunkten.

Vegan lebende Menschen sind leider noch immer eine kleine Minderheit, und die Kräfte, die die herkömmliche Lebensmittelindustrie aufrechterhalten wollen, sind – wie wir gesehen haben – sehr stark. Aus ernährungswissenschaftlicher Sicht spricht alles für die vegane Ernährung. Die größten Bedrohungen für die Menschheit sind einerseits die Unterernährung in der sogenannten Dritten Welt, andererseits die Überflusskrankheiten in den Industrieländern (beides sind in erster Linie soziale und wirtschaftliche, keineswegs nur medizinische Probleme). Diese extreme Situation wird durch die industrielle Massentierhaltung weiter verschlimmert. Sie muss deshalb überwunden werden, damit wahre und anhaltende soziale Fortschritte möglich werden.

KAPITEL SECHS

Die Ausbeutung der Tiere

Unterstützt durch wirtschaftliche und ernährungsbedingte Faktoren ist der Veganismus eine Frage des gesunden Menschenverstandes. Trotz seines leider oftmals exzentrisch oder hypermoralisch wirkenden Untertons ist der Veganismus keine Religion. Alle großen Weltreligionen beinhalten Elemente des Vegetarismus. Was die meisten Menschen jedoch zum Veganismus hinführt, ist schlicht und ergreifend das Mitleid.*

Die Wirklichkeit des Schlachtens

Indem wir Fleisch und Fisch, Eier und Milchprodukte verzehren, leben wir vom Tod anderer Kreaturen. Vor allem Fernsehreportagen haben in den letzten Jahren gezeigt, wie lang und grausam die Tiertransporte zum Schlachthof sein können und dass Schlachthöfe grauenerregende Orte sind, an denen Tiere schon aus purer Angst sterben können, noch ehe sie die Schlachtbank erreicht haben. „Ein Lamm, das im Schlachthaus erschossen werden muss, wenige Augenblicke bevor es sterben sollte, ist in Panik geraten … seine Systeme explodieren förmlich vor Angst – und sein Fleisch ist dann ungenießbar.“[40] Auch Landwirten ist sehr wohl bewusst, dass Schweine vor Angst sterben können. Aus diesem Grund verabreichen sie ihnen Vitamin E, um einen Herzinfarkt vor der Schlachtung zu verhindern – welch grausame Ironie! Andererseits „löst die Tötung im Moment der Angst einen chemischen Prozess aus, der das Wachstum von Bakterien während der Haltbarmachung vermindert“.[41] Offensichtlich ist also ein perfides Gleichgewicht des Terrors notwendig.

„Ich bin aus dem gleichen Grund Vegetarierin, aus dem ich keine Kannibalin bin.“
Brigid Brophy

Der berüchtigte Bericht des Farm Animal Welfare Council**, 1984, zerstörte den Mythos, Tiere würden human geschlachtet,

* Zwei empirische Studien der Friedrich-Schiller-Universität Jena aus den Jahren 2006 und 2008 haben tatsächlich gezeigt, dass Tierschutz und Tierrechte die wichtigsten Motivationen von vegetarisch lebenden Menschen sind.

** Rat für das Wohlergehen von *Nutz*tieren

und las sich wie eine Horrorgeschichte. Und obwohl die mit der Untersuchung beauftragten Ratsmitglieder ihre Besuche jeweils vorher ankündigten, erlebten sie auf jeder Stufe des Vorgangs unnötige Grausamkeit – vom Abladen bis hin zum Schlachten, bei dem die Tiere oft bei vollem Bewusstsein waren. Die Schlachter der ca. 800 Schlachthöfe (GB)* werden nach Akkord bezahlt; behutsame Techniken können bei diesem hohen Arbeitstempo kaum angewandt werden, und so kommt es dazu, dass die Bolzengewehre und Elektrozangen oft sehr fahrlässig eingesetzt werden. Das Tier wird schließlich an einem Hinterbein aufgehängt und seine Kehle durchschnitten, es bleibt aber durch dieses fahrlässige Vorgehen häufig bei vollem Bewusstsein!

Doch irgendwo in unserem Unterbewusstsein oder in unseren Alpträumen sitzt das Wissen darum, dass die Tiere jeden Tag Auschwitz erleben.

Das Tier ist nach dem Aufschneiden der Kehle noch bis zu 10 Minuten am Leben. In dieser Zeit wird das Blut durch Herzschlag und Atmung aus dem Körper herausgepumpt. Wurde also die Betäubung nicht korrekt ausgeführt, kann das Tier in dieser Zeit wieder zu Bewusstsein gelangen, noch bevor der Tod eintritt. Da während dieses Verfahrens meist nicht einmal die bereits existierende Gesetzgebung eingehalten wird, ist es unwahrscheinlich, dass zukünftige Verschärfungen zu einer Verbesserung dieser Zustände führen werden. Die jüngsten Versuche, dies zu ändern – eine Reaktion auf die vehemente Kritik durch die Medien – sowie die bevorstehende Schließung der Hälfte aller britischen Schlachthöfe sind vielmehr die Folge hygienischer als humanitärer Erwägungen.

Im Gegensatz zu dem, was viele Leute vielleicht gerne über die „dummen“ Tiere glauben würden, haben diese ein perfekt entwickeltes Nervensystem und zeigen – im Angesicht ihres Schlachters – Reaktionen, die unseren eigenen sehr ähnlich sind. Schlachthöfe sind zwar oft noch abgeschirmtere Orte als Krematorien und Gefängnisse. Auch mögen wir versuchen, die Millionen leidender Kreaturen, die wir alljährlich dem Fleisch- und Milch-Mythos opfern, zu vergessen, indem wir sie kurzerhand wegschließen. Doch irgendwo in unserem Unterbewusstsein oder in unseren Alpträumen sitzt das Wissen darum, dass die Tiere jeden Tag Auschwitz

* In Deutschland gibt es derzeit ca. 270 Schlachthöfe mit EU-Zulassung und 400-500 (regionale) Schlachthöfe. – Quelle: geschätzte Zahlen der CMA für 1994

erleben. Dies ist die Grundlage jeder Ernährungsform, die nicht vegan ist.

Der Alltag in der Massentierhaltung

Es ist nicht nötig, sich speziell mit den Übeln der Massentierhaltung auseinanderzusetzen, um Argumente für den Veganismus zu finden. Dennoch ist dieses Thema durchaus relevant, gerade heutzutage, da die Abläufe in den Tierhaltungsbetrieben eher durch den Firmenbuchhalter als durch den Arbeiter vor Ort bestimmt werden. Um konkurrenzfähig zu bleiben, müssen die Landwirte den größtmöglichen Profit aus ihren Tieren herausholen. „Leider ist es wirtschaftlich vorteilhaft, mehr Tiere als empfohlen zu halten, da ein höherer Besatz die steigende Sterberate mehr als ausgleicht.“[42]

Ein Schwein, das sein Schlachtgewicht erreicht hat, ist daher sehr oft herzkrank, und seine Beine und Hüften sind zu schwach, um sein eigenes Gewicht zu tragen.

Im Falle des „vermehrungsfreudigen“ Schweines (eine moderne Einheit von 100 Sauen kann im Jahr bis zu 2500 Ferkel „produzieren“) bedeutet der „erhöhte Besatz“, dass den Ferkeln chemische Wuchsstoffe injiziert werden, um ihr Schlachtgewicht in nur 22 Wochen zu erreichen. Ebenso werden Tranquilizer eingesetzt, um die Schweine in den überfüllten Pferchen ruhigzustellen. Säugende Sauen werden mit Hilfe von Eisengittern fest- und völlig bewegungsunfähig gehalten. Dieses Verfahren wurde in Großbritannien beispielsweise erst ab 1998 gesetzlich verboten.

Das Hauptproblem der Massentierhaltung ist, dass die Tiere durch die extremen Fütterungs- und Zuchtmethoden gezwungen werden, sehr schnell zu wachsen, so dass ihre Körper unter enorm hoher Belastung stehen. Ein Schwein, das sein Schlachtgewicht erreicht hat, ist daher sehr oft herzkrank, und seine Beine und Hüften sind zu schwach, um sein eigenes Gewicht zu tragen. Ein „Brathähnchen“ ist bereits nach 35 Tagen Mast zu schwach, um zu stehen, hat dann aber noch weitere 22 Tage „Leben“ vor sich.* (Eine typische „Hähncheneinheit“ umfasst eine Viertelmillion Tiere.)

* Durch extreme Fütterungs- und Zuchtmethoden erreicht ein Masthuhn mittlerweile sein Schlachtgewicht bereits nach vier bis sechs Wochen. Dass diese Turbomast mit noch mehr Schmerzen für die Tiere verbunden ist, liegt nahe.

Nicht einmal mehr den Fischen werden solche Grausamkeiten erspart. Massenfischzucht ist heute zu einem der großen Geschäfte geworden. In der Lachszucht werden die Tiere, die von Natur aus die Ozeane durchwandern, auf einem Bestandslevel von 15 kg Fisch pro Kubikmeter Wasser gehalten. Auch sie werden mit hochkonzentrierten Proteinkügelchen, die Antibiotika enthalten, gefüttert. Vor der Schlachtung werden sie dann mehrere Wochen lang ausgehungert, da das Ausnehmen ausgehungerter Fische einfacher und „sauberer" vonstatten geht. Die Sterblichkeitsrate liegt bei 20%, und viele der Fische leiden an Hautgeschwüren und Tumoren.[43]

So „leben" die meisten *Nutz*tiere schon vor dem Horror der Schlachtung unter entsetzlichen Bedingungen.

Die ganze Gefühllosigkeit, mit der die Tiere während der „Haltung" (die Bedeutung dieses Wortes ist eine rein wirtschaftliche) behandelt werden, lässt keinen Raum für die Sorge um ihr Wohlergehen. Hierin drückt sich die Ansicht aus, dass sie lediglich existieren, um wie Maschinen benutzt zu werden. Auf britischen Farmen sterben jeden Tag sage und schreibe 16.000 größere Tiere an den Folgen der Fehlbehandlung.[44] Die Ursachen sind Unterkühlung, Unterernährung, Nebenwirkungen verabreichter Drogen oder einfach Vernachlässigung. Allein dieser Umstand ist ein Armutszeugnis für die Landwirte.

Von Jungtieren wird häufig behauptet, dass sie aufgrund der Vernachlässigung durch die eigene Mutter und nicht durch die der Landwirte sterben. Der wirkliche Grund aber ist die durch die Landwirte betriebene Zucht, in deren Folge die mütterlichen Instinkte verkümmern, weil für die Züchter nur gewinnbringende Merkmale zählen, z.B. die Qualität des Fleisches oder der Wolle, etc. Ein Landwirt, dem gegenüber ich erst kürzlich die hohe Sterblichkeitsrate erwähnte, entgegnete mir daraufhin: „Schafe WOLLEN nicht leben!" - was auch ich nicht wollen würde, wäre ich in seinem „Besitz".

In der Nutztierhaltung sterben mehr Tiere durch Unfälle als in der Vivisektion nach Plan (In den vergangenen Jahren haben Tierversuche in Großbritannien schätzungsweise 3.000.000 Tierleben pro Jahr gefordert).* – Eine tierärztliche Überwachung der Behandlung von Nutztieren ist trotz des massiven Medikamenteneinsatzes gesetzlich nicht vorgeschrieben. Aus diesem Grund müssen sich

* Offizielle Anzahl der verwendeten Tiere in Deutschland, 2006: 2.518.267 – Quelle: Bundesministerium für Ernährung, Landwirtschaft und Verbraucherschutz

heutzutage die meisten Tierärzte ihren Unterhalt in der profitableren Haustierindustrie verdienen.

Ich habe schon oft Leute ausrufen hören: „Aber ich liebe Tiere! Ich bin schließlich auf dem Bauernhof mit ihnen großgeworden!" Was für eine „Liebe" ist das, die ein Lebewesen einzig und allein zur Schlachtung großzieht? Die Landwirte reden mit derselben „Liebe" über ihre Lieblingstiere wie andere über ihre Autos. Ein landwirtschaftlicher Betrieb ist der letzte Platz auf Erden, an dem sich ein wahrer Tierfreund zu Hause fühlen würde.

Es ist nun an der Zeit zu erläutern, warum Lacto-VegetarierInnen genauso für das Schlachten verantwortlich sind wie FleischesserInnen.

Die Milchkuh

Trotz aller Argumente, mit denen die Milchindustrie versucht, uns durch unverschämte Werbekampagnen zu überzeugen, ist die Kuhmilch kein für Menschen notwendiges Nahrungsmittel und auch kein natürliches Geschenk der Kühe. Wie alle Säugetiere, einschließlich uns Menschen, produziert die Kuh von Natur aus Milch nur nach der Geburt ihres Kindes und allein zu dem Zweck, dieses Jungtier zu ernähren.

Die Milchkuh wird jährlich durch künstliche Besamung geschwängert (bei den wohlhabenden Bauern durch Embryo-Transfer). Die Schwangerschaft dauert, ähnlich wie bei uns Menschen, ca. neun Monate. Für sechs bis sieben Monate im Jahr wird sie gemolken, während sie noch schwanger ist.

Schon wenige Stunden nach der Geburt wird der Kuh das Kalb weggenommen – würde es bei ihr bleiben, wäre dementsprechend weniger Milch für Menschen übrig. Nach dieser Trennung trauert sie viele Tage um ihr Kalb – das erschütternde Klagen der Kühe ist ein vertrauter Klang auf dem Land. Die meisten Kälber kommen auf den Markt, um später, nach einer kurzen, aber leidvollen Existenz ohne Mutter, als Kalbfleisch verkauft zu werden (Lamm- und Rinderherden haben diesbezüglich ein etwas besseres Leben).

Schon wenige Stunden nach der Geburt wird der Kuh das Kalb weggenommen.

Nachdem ihr das Kalb genommen wurde, wird die Kuh zweimal täglich an die Melkmaschine angeschlossen, um den Milchfluss anzuregen und aufrechtzuerhalten – ein Kalb hingegen würde natürlich wesentlich öfter saugen. Jede Frau wird nachvollziehen können, wie es ist, wenn ihre empfindlichsten Stellen auf äußerst unsensible Weise berührt und missbraucht werden. Den Milchfluss anzuregen, obwohl der Nachwuchs tot ist, erscheint mir aufs Tiefste abstoßend, und es fügt der physischen Verletzung die seelische Qual hinzu.

Um die unnatürlich hohen Milcherträge aufrechterhalten zu können, wird die Kuh mit konzentrierter Proteinnahrung gefüttert anstatt mit Gras, ihrer natürlichen Nahrung. Das Problem der Umweltverschmutzung durch Jauche wurde bereits erwähnt: „Die Nahrung, die wir Kühen heutzutage verabreichen, löst bei ihnen einen permanenten Durchfall aus.“ [45] Dieses Verdauungsproblem führt zu einer Azidose des Rumen*, was der Kuh starke Schmerzen verursacht und zu Lahmheit durch Laminitis** führt. Durch die Schwächung der Tiere und mangelnde Hygiene kommt es außerdem zu einer weiteren häufigen und schmerzhaften Krankheit, der Mastitis (Entzündung des Euters).

BSE

Die unnatürliche Nahrung ist auch für jene potenzielle Katastrophe verantwortlich, die im Volksmund leichtfertig „Rinderwahnsinn“ genannt wird. In der medizinischen Fachterminologie heißt diese Krankheit Bovine Spongiforme Enzephalopathie (BSE – Hirnschwamm bei Rindern). Dies ist eine tödliche und unheilbare Krankheit, die mit Scrapie bei Schafen und der Creutzfeldt-Jakob-Krankheit (CJK) beim Menschen verwandt ist. Ihr Symptom ist die allmähliche Zersetzung des Gehirns. Die chemische Zusammensetzung des Erregers war beim Schreiben dieses Buches noch nicht bekannt, es hat jedoch bereits Fälle von Übertragungen zwischen den Arten gegeben. Entscheidend ist, dass das Auftreten bei Kühen eine Folge der Fütterung mit der bereits erwähnten konzentrierten Proteinnahrung war, die Reste von Scrapie-infizierten Schafen enthielt. Dieses Futter stammt aus sogenannten „Wieder-

Wir füttern also Kühe mit Kühen und zwingen damit sanfte Pflanzenesser zum Kannibalismus.

* Übersäuerung des Wiederkäuermagens

** Gewebeentzündung am Hufansatz

verwertungsanlagen" , die die Überreste geschlachteter Tiere (auch von Kühen) verarbeiten. Diese werden der Tiernahrung beigemischt und als „Konzentrate", „Eiweißzusätze" oder „Knochenmehl" ausgewiesen. Wir füttern also Kühe mit Kühen und zwingen damit sanfte Pflanzenesser zum Kannibalismus.

Nachdem diese neue Seuche in Großbritannien in die Schlagzeilen geraten war, ergriff die Regierung verschiedene Maßnahmen, um eine Massenhysterie zu verhindern – doch diese kamen viel zu spät. 1988 wurde ein 100%iger finanzieller Ausgleich für angesteckte Tiere beschlossen, woraufhin sich die gemeldeten Fälle umgehend verdoppelten – ein Zeichen dafür, dass die erkrankten Tiere vorher von den Landwirten über die Märkte abgeschoben worden waren. Die Symptome selbst erscheinen erst längere Zeit nach der Infektion, so dass es unmöglich ist, die infizierten Tiere aus der Nahrungskette herauszuhalten. Die gegenwärtigen Bestimmungen, die das Entfernen von „risikoreichen" Organen aus geschlachteten Tieren vorschreiben, könnten wirkungsvoll sein oder auch nicht, da nicht bekannt ist, wo sich der Erreger im Körper des Tieres genau befindet.

Professor Richard Lacey von der mikrobiologischen Abteilung der Leeds University warnte davor, dass wir kurz vor einer „Krise größten Ausmaßes" stünden. 1992 stieg die Infektionsrate bei Kühen noch wesentlich stärker an, als von Regierungsexperten vorhergesagt. Wir aber lehnen uns zurück und warten darauf, dass sich die Inkubationszeit beim Menschen dem Ende nähert. Es hat sich bereits gezeigt, dass die Krankheit experimentell übertragen werden kann: Ein britischer Krankenhauspatient wurde mit CJK infiziert, als ihm während einer Routineoperation BSE-verseuchte Rindermembrane ins Gehirn transplantiert wurde.[46] Mittlerweile starben zwei Milchbauern an CJK.[47]*

Währenddessen werden Milchkühe weiterhin mit unnatürlichem, hochkonzentriertem Protein gefüttert. Bis heute gibt es kein Gesetz zur Kennzeichnung der Zutaten auf Tiernahrungsverpackungen, obwohl der Öffentlichkeit weiterhin versichert wird, alles sei unter Kontrolle (und obwohl es mittlerweile angeblich ein Verbot für tierliches Protein in Rindernahrung gibt, wurde dieses nicht auf Schweine und Vögel, wie z.B. Hühner, ausgeweitet).

* Bis März 2004 wurden in Großbritannien bereits 146 CJK-Erkrankungsfälle erfasst, wobei nicht alle tödlich verliefen. – Quelle: Robert Koch Institut, 2008

Mit Hilfe unnatürlicher Nahrung, genetischer Kontrolle und Bewegungsentzug wurden die Erträge also in groteske Höhen getrieben. Bovines Somatotropin (BST), ein künstliches Hormon, das heimlich auf fünfzehn Farmen in Großbritannien getestet wurde, wird mit dem Ziel eingesetzt, die Erträge um weitere 20% zu steigern.[48] Die fürchterliche Belastung des Kreislaufes führt bei Kühen zu einer durch Krankheit geprägten Existenz. 25-30% von ihnen erkranken an Laminitis.[49] Ein Ministeriumsgutachten schätzt, dass über ein Drittel aller Milchkühe trotz regelmäßiger Penizillin-Injektionen in die Zitzen an Mastitis leidet. Hierzu kommt es unter anderem, weil die schweren, übergroßen Euter der eingepferchten Tiere nahe am schmutzigen Boden hängen. In der Tat ist das Euter einer Milchkuh zum Ende ihres Lebens hin so sehr ausgeleiert, dass ein Kalb nicht in seiner natürlichen Position daran saugen könnte. Die Kuh selbst ist nach nur vier Stillzeiten vorzeitig aufgebraucht, während ihre natürliche Lebensspanne mindestens 20 Jahre betragen würde. „Am besten ist es, mit der Kuh so früh wie möglich zu züchten und die ersten zwei bis drei Kälber abzuwarten .... Sie sollte geschlachtet werden, bevor sie ganz ausgewachsen ist."[50]

Bis heute gibt es kein Gesetz zur Kennzeichnung der Zutaten auf Tiernahrungsverpackungen.

All das wird unternommen, um ein überflüssiges Produkt herzustellen. Im Allgemeinen denken die Leute, dass die Milch aus der Flasche kommt, und denken nicht weiter darüber nach. In Wirklichkeit enthält jeder Liter die ganze Qual und Hoffnungslosigkeit, die mit seiner Herstellung einhergehen – der Konsum dieses Produktes erzeugt Berge von Leid.

Die Kälber sind ein lukratives Nebenprodukt der Milchindustrie und müssen den grauenerregenden Weg vom Milchhof zum Schlachthof gehen. Viele werden exportiert und fristen ihr Dasein in den berüchtigten Kälberboxen, die in Großbritannien mittlerweile verboten sind.* Viele werden noch sehr jung geschlachtet, da aus den Innenseiten ihrer Mägen das in der Käseproduktion verwendete Labferment gewonnen wird. Bei sogenanntem „vegetarischen" Käse, bei dem andere Gerinnungsenzyme eingesetzt werden, wird die Tatsache übersehen, dass die Kälber so oder so sterben müssen,

---

* Ein Verbot von Kälberboxen durch die EU sollte 2007 in Kraft treten, wurde aber weiter hinausgezögert. – Quelle: Europäisches Parlament, 2008

solange wir die Milchindustrie unterstützen. VegetarierInnen, die Milch trinken, tragen in Wirklichkeit dazu bei, das Elend der modernen Milchkuh zu verschlimmern, die in jungen Jahren überbeansprucht und dann geschlachtet wird und damit eines der am kaltblütigsten ausgebeuteten Geschöpfe aller Zeiten ist.

Unsere Rinder sind nicht wirklich einheimisch und sicherlich kein Teil unserer natürlichen Landschaft. Die uns heutzutage bekannten Arten wurden während des 19. Jahrhunderts und später gezüchtet. Wir sollten uns fragen, ob es nicht das Beste wäre, sie wieder „aussterben" zu lassen.

Die Eierproduktion

Der menschliche Einfallsreichtum ist grenzenlos, wenn es darum geht, maximalen Profit aus der Manipulation anderer Arten zu schlagen. Und es gibt unter den Nutztieren keine Spezies, die nicht schon seit Generationen genetisch manipuliert wird. Im Grunde sind diese armen Kreaturen allesamt Missgeburten. Ihre Situation wird sich weiter verschlechtern, wenn sich der Schrecken der Gentechnik (Übertragung von Merkmalen zwischen Arten) weiter entfaltet.

Es gibt unter den Nutztieren keine Spezies, die nicht schon seit Generationen genetisch manipuliert wird.

Für diejenigen, die Eier essen, hat die moderne Industrie die „Batteriehenne" entwickelt. Sie verbringt ihr „Leben" hinter den Gittern eines winzig kleinen, völlig überfüllten Käfigs, bis sie an den Folgen von Erschöpfung oder Kannibalismus stirbt. Ihr Uterus ist durch das ihr abgezwungene andauernde Eierlegen gänzlich ausgeleiert. Sie hat niemals etwas anderes gesehen als das Leid und den Tod ihrer Artgenossen – tagein, tagaus im 17-Stunden-Zyklus künstlichen Lichtes (durch den der natürliche Zyklus mit einem Rückgang der Eierproduktion im Herbst durchbrochen wird). Ihre natürlichen Instinkte sind aber noch vorhanden, und es ist arrogant anzunehmen, dass die Henne unter diesen Bedingungen „glücklich" wäre, nur weil sie nichts anderes kennengelernt hat. Dies zeigt sich z.B. an der Geschwindigkeit, mit der sich befreite Hühner einer natürlichen Umgebung wieder anpassen. Sie nehmen dann ihre natürlichen Verhaltensweisen wieder auf, wie Scharren, Staubbaden oder Sitzen auf Stangen – Dinge, die ihnen nie erlaubt wurden, und die viele Generationen ihrer Familien nie erleben durften.

Eine „moderne" Henne wird in einer Einheit mit ca. 50.000 Tieren gehalten (im Falle der „Freilandhaltung" sind es lediglich einige Tausend), und sie legt 300 Eier pro Jahr. Für jedes Ei verbraucht die Henne 10% ihrer normalen Kalziumreserven.[51] Trotz der massiven, unnatürlichen Fütterungsmethoden führt dieser Kalziumabbau bei den meisten Hennen zu Osteoporose, und 30% der aussortierten, „verbrauchten" Hennen haben gebrochene Knochen. Kommerzielle Legehennen (die entweder Eier „aus Bodenhaltung" oder „frische" Eier legen) dürfen ein Jahr lang „leben", und viele sterben noch vor Ablauf dieses einen Jahres an Erschöpfung.

Selbst Hühner in „Freilandhaltung" leben selten ein natürliches Leben, und auch in diesem Fall haben die meisten Menschen die naive Vorstellung, dass die Bauersfrauen lediglich die übrig gebliebenen Eier einsammeln, die die Natur im Überfluss liefert. Eine wilde Henne legt im Gegensatz zur domestizierten Henne in der Regel nur einmal im Jahr ungefähr sechs, maximal bis zu zwölf Eier und auch nur dann, wenn sie einen Partner hat – in der Wildnis kommen unbefruchtete Eier nur selten vor. Nach der Paarung legt die Henne ein Ei pro Tag, bis eine für die Brut ausreichende Anzahl vorhanden ist. Dann brütet sie diese aus und kümmert sich in der Folgezeit um die Küken. Falls Eier verloren gehen, ist sie gegebenenfalls in der Lage, diese zu ersetzen – dies richtet sich nach dem aktuellen Nahrungsangebot.

Für fast jede existierende Legehenne wurde also ein männliches Küken getötet.

Die große Anzahl von Eiern, die die heutigen Legehennen produzieren, entsteht einerseits durch das ständige Wegnehmen der Eier und andererseits durch spezielle Ernährung. Heutzutage sind Eiweißkonzentrate, Farbstoffe (zum Färben des Eigelbs) und synthetische Hormone gängige Zutaten von Hühnerfutter. Zwangsläufige Folgen sind Erschöpfung und eine frühe Schlachtung. Selbst sogenannte Freilandhennen „leben" nur, solange sie noch Eier legen.*

Die vegetarischen Eieresser übersehen außerdem gern, dass Hennen auch, wie Kühe, männlichen und weiblichen Nachwuchs in gleicher Anzahl hervorbringen. Für fast jede existierende Legehenne

* Dies trifft selbstverständlich auch auf Legehennen in der Biohaltung zu. Sobald die Legeleistung eine gewisse Grenze unterschreitet, werden die Tiere getötet.

wurde also ein männliches Küken getötet. Dies gilt genauso für Freilandbestände* jeglicher Größe. Die Details dieser Vorgänge in den modernen Brutanstalten sind nicht gerade appetitlich, aber da diese Tiere nicht für den menschlichen Verzehr bestimmt sind, ist ihre Schlachtung gesetzlich nicht geregelt. So werden die unglückseligen männlichen Küken nach der Geschlechtsbestimmung manchmal lebend in den Fleischwolf geworfen und zu Düngemittel oder Nahrung für andere Tiere verarbeitet. Mitunter werden sie einfach en masse in Plastikbeuteln erstickt oder mit Kohlendioxid vergast. Einige Küken überleben jedoch und gelangen dann zwischen ihren toten Artgenossen in die Wiederverwertungsanlagen. Wie es sich für Großkonzerne gehört, läuft all das mit Hochgeschwindigkeit und Fließbandeffizienz ab (wie beispielsweise bei Cobb and Ross in Großbritannien**). Diese Wirklichkeit verbirgt sich hinter jenen Werbebildern von (in der Tat) flauschig-gelben und munteren Küken, die besonders zu Ostern kommerziell in Szene gesetzt werden.

Der Mythos des Jägers

Möglicherweise besitzen auch Pflanzen in irgendeiner Form ein bisher nicht ergründetes „Nervensystem" und sind in der Lage, zu „fühlen" und zu „leiden".[52] Sie sind schließlich ein Teil des empfindlichen Gefüges unserer Erde. Wenn Du statt der Pflanzen aber Tiere verspeist, bist Du logischerweise verantwortlich für die Zerstörung von wesentlich mehr Pflanzen, als wenn Du nur Pflanzen gegessen hättest. Der Tod ist ohne Frage natürlicher Teil des Lebenszyklus. Zum Glück haben die meisten Menschen aber die Wahl, welche Ernährungsweise sie annehmen und ob sie für den Tod von Tieren verantwortlich sein wollen oder nicht.

Die Zahl der leidenden Tiere in unseren Massentierhaltungsbetrieben ist fast schon zu groß, um sie sich vorzustellen. Über 600 Millionen *Nutz*tiere werden beispielsweise in Großbritannien*** jedes Jahr geschlachtet.[53] Das sind an jedem Arbeitstag 4000 Tiere pro Minute.

---

* und Biohaltung

** In Deutschland vergleichbar mit dem Gutshof-Imperium der Familie Pohlmann

***In Deutschland wurden allein 2006 über eine Milliarde *Nutz*tiere geschlachtet (ohne Fische u.Ä.). – Quelle: Statistisches Bundesamt Deutschland, 2008

Die wenigsten von uns wären in der Lage, die alltäglichen Szenen in unseren Schlachthäusern mit anzusehen: Vergleichsweise junge Kreaturen werden gezerrt und getrieben, von ihrer Verwandtschaft getrennt und in Schlachtpferche gezwängt, sind verwirrt und voller Todesangst. Noch wenigere könnten sich den eigentlichen Schlachtvorgang ansehen, der einigen hartgesottenen Individuen überlassen werden muss. Selbst die wenigen Menschen, die die Tiere, deren Fleisch sie essen wollen, eigenhändig töten (was in diesem Fall die ehrlichste Vorgehensweise ist), müssen sich gewöhnlich stark abhärten, um die Tätigkeit des Schlachtens zu ertragen.

Woher kommt diese Abscheu? Die wirklichen Karnivoren töten ohne Mitleid (und dabei gewähren sie ihrer Beute die natürlichen Reaktionen der Flucht und des Kampfes). Warum verbergen wir Menschen die Schlachtung hinter viel Geheimniskrämerei, und warum bewahren viele Religionen noch immer die traditionellen Regeln und Tabus, die das Töten von Tieren umgeben, die wir im Westen aber größtenteils verloren haben (außer in Bezug auf ein paar wenige bevorzugte Säugetiere)? Lässt sich aus alldem vielleicht ableiten, dass das Töten von Tieren als Nahrung nicht natürlich für uns ist?

Die Jagd war immer das Privileg der Reichen und ein letzter Ausweg für die Armen.

Obgleich es Mode wurde, die Jagdriten anderer Kulturen zu bewundern – bei denen es sicherlich mehr zu bewundern gibt als bei so manchen unserer eigenen sozialen Verhaltensweisen – ist der Mythos unseres „Jagdinstinktes“ weit übertrieben worden, unter anderem, z.B., in Filmen wie *The Deer Hunter* („Die durch die Hölle gehen“), der für die Großwildjagd-Industrie wahrscheinlich mehr erreichte als für die Anti-Kriegs-Bewegung in Amerika.

Seite an Seite mit falschen Erkenntnissen über Ernährung hat der Fleisch-Mythos weitere Irrtümer hervorgebracht. Hierzu gehört auch der Glaube an das „Überleben des Stärkeren“ (survival of the fittest), das eigentlich heißen sollte: das Überleben dessen, der am besten an seine Umwelt angepasst ist. Auch betrachten viele Menschen die Jagd als die ursprüngliche Methode zur Nahrungsbeschaffung. Unsere Vorfahren müssen nach dieser Anschauung also primitive Jäger gewesen sein. Dies ist jedoch unzutreffend, denn die Jagd war in Großbritannien [wie auch in Deutschland; Anm. d. Übers.] während der geschichtlich festgehaltenen Jahrhunderte niemals lebensnotwendig. Sie war immer das Privileg der Reichen und ein letzter Ausweg für die Armen. VegetarierInnen wird oft die „Gretchenfrage“ gestellt, ob sie in einer Notsituation für ihre Nahrung jagen und töten würden? Wie so viele hypothetische Argumente aber entbehrt auch diese Frage in der Realität jeglicher Grundlage, denn sie entspricht keiner Situation, die in den industrialisierten Ländern entstehen würde. Eine Jagdgemeinschaft benötigt eine sehr große Landfläche, um sich mit natürlicher Beute versorgen und am Leben halten zu können. Nach meinen Informationen wäre eine Fläche größer als die der gesamten Welt nötig, um allein die Bevölkerung Großbritanniens durch Jagd zu ernähren.

Dies ist der Grund, warum die Jagd in stark bevölkerten Zivilisationen seit jeher ein exklusiver Sport für die Reichen war. Die Wurzeln der Haustierhaltung – nicht nur als Nahrung – reichen dagegen weit in die Vergangenheit zurück.

Unsere Gefangenen: Die Haustiere

Tiere besitzen ein zentrales Nervensystem, hochentwickelt wie unser eigenes, und Intelligenz, die ihrem jeweiligen Lebensraum angepasst ist. Wie auch wir Menschen leben und atmen sie und sind in gewisser Weise mit uns verwandt. Menschen, die Tiere lieben, sie gern als Haustiere halten und sich um ihr Wohlergehen sorgen, spüren diese Verwandtschaft wahrscheinlich immer noch unterbewusst. Leider hat die Anschauung, Tiere existierten zu unserem Nutzen, oder es sei zumindest legitim, sie zu benutzen und auszubeuten, in unserem gesellschaftlich geprägten Denken so tiefe Wurzeln geschlagen, dass sich dieses Restbewusstsein in z.T. schlimmen und grotesken Auswüchsen manifestiert hat: so unter anderem in der Haustierindustrie. Domestizierte Tiere haben so gut wie nie die Chance, ein erfülltes Leben zu führen. Jedes im Käfig gehaltene Tier, jede eingesperrte oder unterdrückte Kreatur – gleichgültig ob exotisch oder einheimisch – ist dazu verurteilt, seine angeborenen Fähigkeiten und seine natürlichen Aktivitäten wie Nahrungssuche, Selbsterhaltung, Paarung und Lerntrieb zeitlebens zu unterdrücken. Es lebt isoliert und ohne jegliches Sozialgefüge, das alle Arten unter Einbe-

Jedes im Käfig gehaltene Tier ist dazu verurteilt, seine angeborenen Fähigkeiten und seine natürlichen Aktivitäten wie Nahrungssuche, Selbsterhaltung, Paarung und Lerntrieb zeitlebens zu unterdrücken.

ziehung aller ihrer Individuen normalerweise ausbilden. Jede Zoohandlung, jeder Verschlag, Käfig oder Pferch symbolisiert eine Form des Leides, gegenüber der wir durch die Einflüsse unserer Zeit unempfindlich geworden sind. Die Behauptung, das Wildtier sei aus unseren Haustieren ganz herausgezüchtet worden, und sie würden daher nicht leiden, ist schlichtweg falsch. Dies wurde beispielsweise an der bereits erwähnten Batteriehenne deutlich. Würden diese domestizierten Tiere jedoch freigelassen, fänden sie keine ökologische Nische mehr und würden entweder sehr schnell eingehen oder aber ein Chaos verursachen. Unsere „Liebe" zu den Tieren hat diese in der Tat in ein leidvolles Dilemma gebracht.

Selbst – oder vielleicht gerade – der Hund leidet in unserer Gesellschaft der selbsternannten Tierliebhaber an schier endloser Langeweile und Frustration, solange wir ihn nicht durch Spiel oder Ablenkung stimulieren. Das Leben in den vier Wänden der modernen Familien hat – mit allem dazugehörigen Stress – sogar den neurotischen Hund hervorgebracht, der entweder als äußerst unglücklich gewählter Kindesersatz fungiert oder an der Atmosphäre innerhalb einer frustrierten Familie leidet. Diese Dinge stehen noch vor der eigentlichen Grausamkeit, die in der Haustierhaltung liegt. Jedes Mal, wenn die R.S.P.C.A.* Zahlen zum Tiermissbrauch veröffentlicht, sind diese wieder gestiegen. Weil Hunde in großer Anzahl willkürlich gezüchtet werden – entweder aus Profitgründen oder aus purer Ignoranz –, werden allein in Großbritannien an jedem Arbeitstag 1000 unerwünschte Hunde eingeschläfert.[54]

Vielleicht werden wir eines Tages die Idee des „Besitzes" von Tieren genauso ablehnen, wie wir heute die Sklaverei ablehnen.

Es liegt auf der Hand, dass alle Kreaturen für einen ganz bestimmten Lebensstil „entworfen" wurden (nur beim Homo sapiens ist die Frage, welcher von den vielen möglichen Lebensstilen wohl am besten geeignet ist).

Die materiellen Dingen gegenüber extrem besitzergreifenden Menschen betrachten auch andersartige Lebewesen arroganterweise als Objekte, ja sogar als ihren Besitz (was sich wiederum in entsprechenden Gesetzen manifestiert). Dies erscheint mir als eine Störung der natürlichen Ordnung. Der Gebrauch des Wortes „Entwurf" wirft alle möglichen theologischen Fragen auf, wohingegen

* Royal Society for the Prevention of Cruelty to Animals = Britischer Tierschutzbund

die Annahme einer natürlichen Ordnung weit weniger fragwürdig ist. Vielleicht werden wir eines Tages die Idee des „Besitzes“ von Tieren genauso ablehnen, wie wir heute die Sklaverei – den Besitz von Menschen – ablehnen.

In der Zwischenzeit bleibt die Haustierhaltung ein Teil unserer Kultur: allein in Großbritannien ist sie zu einem jährlich fast 2,5 Milliarden Euro schweren Industriezweig angewachsen.* Eine Gesellschaft, deren Mitglieder in ohnehin schon überfüllten Städten leben und dazu noch Tiere bei sich einsperren müssen, um sich nicht allein zu fühlen – eine solche Gesellschaft kann nicht in Ordnung sein. Tiere werden in traurigster Weise ausgebeutet, indem sie für die Umarmungen und Streicheleinheiten herhalten müssen, die die Menschen so sehr brauchen, sich untereinander aber anscheinend oft nicht geben können.

Würden wir Tiere wirklich lieben, dürfte es nicht in unserem Interesse sein, durch die Ernährung unserer „kleinen Lieblinge“ die Schlachthöfe zu unterstützen, die ihre Verluste durch den Verkauf des minderwertigsten Fleisches an die Haustiernahrungsindustrie ausgleichen. Ein omnivores Haustier mit dem Fleisch anderer, ebenso empfindsamer und intelligenter Kreaturen zu ernähren, wirkt grotesk und paradox. Es ist beispielsweise ohne weiteres möglich, Hunde vegan zu ernähren, denn vegane Hundenahrung ist mittlerweile im Handel erhältlich. Katzen hingegen sind echte Fleischesser. Um es ihnen zu ermöglichen, auf Basis rein pflanzlicher Nahrung[55] gesund zu bleiben, wurde ein Nahrungszusatz entwickelt, der sich bisher aber noch nicht kommerziell durchsetzen konnte. Nichtsdestotrotz bin ich der Meinung, dass vegetarisch lebende Menschen, die Katzen halten, sich eigentlich verpflichtet fühlen sollten, diesen Zusatz auszuprobieren.**

Es ist ein Zeichen für Gefühllosigkeit und Doppelmoral, wenn in Nationen von Tierliebhabern die Fleischindustrie de facto von der Haustierindustrie gestützt wird. Aktive VegetarierInnen, die mit Katzen zusammenleben, sollten daran erinnert werden, dass die Nahrung ihrer Haustiere von einem Industriezweig hergestellt wird, für dessen Ende sie sich eigentlich einsetzen.

---

* In Deutschland erwirtschaftet die Haustierindustrie einen Jahresumsatz von 7,6 Milliarden Euro. Von den 47 Millionen Haushalten in Deutschland haben fast 40% mindestens ein Haustier. – Quelle: Fressnapf.de, 2008

** Mittlerweile gibt es veganes Katzenfutter zu kaufen. Laut Herstellerangaben sind keine weiteren Nahrungszusätze erforderlich.

Eine Beziehung zwischen Mensch und Tier kann etwas Wunderschönes sein, sofern sie nicht mit anthropozentrischen Fehlvorstellungen vom „treuen und guten“ Tier überfrachtet ist. Da aber Katze und Hund heute zum „Besitz“ zählen, bedeutet dies zwangsläufig den Fortbestand von Schlachthöfen – ein Übel, das alle Argumente für die Haustierhaltung entkräftet. In der idealen Zukunft gäbe es keine gefangenen Tiere mehr, stattdessen aber wilde und halbwilde Tiere, die Gebiete bevölkern würden, die der Natur durch eine vegane Wirtschaftsform zurückgegeben wurden. Nur so können wir eine Gemeinschaft mit den Tieren wiedererlangen – unter heutigen Umständen bleibt dies reine Utopie. Wildtiere in freier Natur haben Angst vor uns Menschen, was durchaus berechtigt ist. Nur im Stadtpark treffen wir auf weniger scheue Tiere, wie z.B. Eichhörnchen oder Vögel.

Natürlich sind nicht alle domestizierten Tiere Fleischesser. Früher war es mein Traum, eine Kolonie mit vegetarischen Tieren zu gründen – ein Musterbeispiel für friedliche Koexistenz, in der Meerschweinchen und Schildkröten ohne Angst zwischen Paradiesvögeln und anderen dekorativen Kreaturen leben. Aber einmal von den großen Getreideimporten abgesehen, die dieses Gefängniscamp bräuchte, würden gesunde, sich vermehrende Tiere dieses Heim bald übervölkern, da sie den natürlichen Regulationsmechanismen hier nicht unterworfen wären. Es müsste also entweder einen Handel mit den örtlichen Zoogeschäften geben – inklusive aller möglicherweise damit verbundenen Schrecken, oder aber ein umfangreiches „Quarantäne“- oder Isolierungsprogramm für alle Insassen. Aus meiner jetzigen Sicht ist es nicht rechtens, an Tieren und ihrer Umwelt in solcher Weise herumzupfuschen. Mein alter Traum erscheint mir heute wirklich sehr sentimental.

Zoos

Der Zoo ist eine weitere althergebrachte barbarische Einrichtung. Menschen, die Tiere wirklich lieben, werden den Zoo nicht nur meiden, sondern als Institution anfechten. In einem der angesehensten britischen Zoos (dessen Renommee allerdings der Vergangenheit angehören dürfte, seitdem bekannt wurde, dass dieser Zoo in Tierversuche involviert war) „lebte“ als Gefangener und als eine der Hauptattraktionen Guy, der Gorilla (RIP, Ruhe in Frieden).

Seine ganze Familie wurde niedergemetzelt, um es zu ermöglichen, ihn in sein neues „Zuhause" zu bringen. Guy, der Gorilla, ist für mich das Symbol für die vollkommene Hilflosigkeit von Tieren, die im Zoo ihr Dasein fristen.

Menschen, die Tiere wirklich lieben, werden den Zoo nicht nur meiden, sondern als Institution anfechten.

Zwei der heute gängigsten Rechtfertigungen für Zoos (die in erster Linie Geld einbringen und Karrieren fördern) sind der „pädagogische Wert" und der „Schutz gefährdeter Arten". Tiere in Gefangenschaft zu beobachten, selbst in sogenannten Safariparks, ist aber lediglich eine Erziehung in Sachen menschlicher Gefühllosigkeit, da die Besucher offensichtlich nicht einmal realisieren, dass das, was sie betrachten, nur eine grausame und groteske Parodie des Tierlebens ist. Die Tiere werden aus der natürlichen Umgebung mit ihren immer vorhandenen, sehr komplexen Abläufen und Anforderungen herausgerissen, und sie verfallen in Untätigkeit oder Stereotypien [sich ständig wiederholende, neurotische Verhaltensmuster; Anm. d. Übers.]. Bei Karnivoren wird z.B. das Grundbedürfnis, ihre Nahrung selbst zu erjagen, zeitlebens frustriert. Mit Sicherheit sind Naturbücher und Filme über wilde, in Freiheit lebende Tiere ein wesentlich sinnvollerer Beitrag zur Erziehung.

Wir würden wesentlich effektiveren und auch kostengünstigeren Artenschutz betreiben, wenn wir kein Geld für Tierzucht in Zoos ausgeben, sondern dieses Geld in den Schutz ganzer Naturreservate investieren würden. Auf diese Weise würden wir nicht nur einige gefangene Einzelexemplare „konservieren", sondern viele – vielleicht Tausende Arten vor dem Aussterben bewahren. Es gibt eine lange Reihe von Tierarten in unseren Zoos, die in freier Wildbahn bereits ausgestorben sind und für die es praktisch unmöglich wäre, ihr natürliches Habitat zu rekonstruieren. Der Schutz der letzten noch vorhandenen natürlichen Lebensräume ist daher unsere vordringlichste Aufgabe.

Mit Sicherheit sind Naturbücher und Filme über wilde, in Freiheit lebende Tiere ein wesentlich sinnvollerer Beitrag zur Erziehung.

Eine genauere Betrachtung der Zirkusse, die in der Öffentlichkeit bereits diskreditiert sind[56], würde den Rahmen dieses Buches sprengen. Immerhin ist es sehr zu begrüßen, dass beispielsweise viele Gemeinden in Großbritannien und Australien jene Zirkusse, zu deren Programm Tiervorführungen gehören, von ihren Gebieten verbannt haben.* Sie erkennen damit die Tatsache an, dass das Betrachten von Tieren, die unnatürliche Übungen vorführen, keine angemessene Unterhaltung für eine zivilisierte Gesellschaft ist. Es gibt heutzutage viele brillante und angesehene Manegen, in denen ausschließlich Menschen ihre Akrobatik darbieten.

Die Doppelmoral

Der Grund für meine überlange Betrachtung des Themas anderer gefangengehaltener Tiere ist unsere verdrehte Einstellung hierzu. (Nicht alle vegan lebenden Menschen würden mir diesbezüglich natürlich recht geben.) Menschen, die einerseits Tiere als Freunde oder Familienmitglieder betrachten, verspeisen andererseits auch Tiere. Einerseits fordern sie Zuneigung für bestimmte Tiere, während sie andererseits die Augen vor der Gewalt, die wir anderen Tieren antun, verschließen. Diese Doppelmoral durchdringt unsere Gesellschaft ganz und gar. Wenn beispielsweise ein Landwirt einen Hund Tag und Nacht in einem kleinen Zwinger angekettet hält, macht er sich nach dem britischen Tierschutzgesetz von 1911 [wie auch nach dem deutschen von 1972; Anm. d. Übers.] strafbar. Für das gleiche Vergehen an ebenso intelligenten Schweinen wird er aber staatlich unterstützt. Ähnlich verhält es sich bei *Geflügel*, das selbstverständlich vom britischen Vogelschutzgesetz von 1954 ausgeschlossen wurde [vergleichbare Gesetzgebung in Deutschland; Anm. d. Übers.]; ein Gesetz, durch das es zum Verbrechen wurde, einen Vogel in einem Käfig einzusperren, in dem er nicht einmal seine Flügel ausstrecken kann. Und wenn Du heute einem Dachs das Gleiche antust, was Du legalerweise einem Fuchs antun darfst, kannst Du dafür eingesperrt werden.

Das Training für die Adaption dieser Doppelmoral beginnt schon früh, so z.B. mit Kindergartenliedern und Kindergeschichten (die z.T. faszinierendes Studienmaterial zum Thema Anthropomorphismus und allgemein zu verquerem Denken liefern könnten). Wir ermuntern unsere Kinder dazu, Tiere gern zu haben und sie in Kartons, Gläsern und Verschlägen zu halten. Wir wachsen mit einer

* In Österreich wurde mittlerweile ein Wildtierverbot in Zirkussen durchgesetzt. D.h. Tiere wie z.B. Tiger und Elefanten dürfen nicht mehr eingesetzt werden.

scheinbaren Liebe zu einer Natur auf, die wir nicht wahrnehmen wollen als das, was wir inzwischen aus ihr gemacht haben: eine flurbereinigte, fast baumlose Einöde, die sich um die Tierkonzentrationslager herum erstreckt.

Tatsächlich ist Gefühlsarmut unter Landbewohnern alltäglich, und das ist nicht verwunderlich. Ich stelle es mir schrecklich vor, Tiere großzuziehen, zu pflegen und zu beschützen, nur um sie dann zum Schlachthof zu bringen. Verrat ist dafür noch ein milder Ausdruck. Eine Gesellschaft, deren Existenz auf der Tötung anderer Lebewesen basiert, muss Gewalt gegenüber völlig abgestumpft sein. In Städten mit relativ hoher Dichte an Schlachthöfen wurde eine höhere Kriminalitätsrate festgestellt. [57] Vielleicht arbeitet ja die „Atmosphäre des Todes", die über diesen Städten hängt – und die wahrscheinlich auch die Tiere spüren –, leise an der menschlichen Psyche. In der Literatur wird immer wieder auf die Möglichkeit solcher Zusammenhänge hingewiesen, und dies wird, vielleicht, von den meisten Menschen, die einmal darüber nachgedacht haben, stillschweigend verstanden. Aber meines Wissens nach wurde dieser Problematik bis heute nicht auf den Grund gegangen, weder wissenschaftlich noch akademisch. Als Upton Sinclair 1906 seinen Roman *The Jungle* schrieb, der in den Tierhöfen und Schlachthäusern von Chicago spielt, war es wahrscheinlich nicht seine Absicht, ein Plädoyer für Tierrechte zu halten, sondern er wollte die entsetzlichen Arbeits- und Lebensbedingungen der Arbeiter anprangern. Trotzdem beobachtete er Folgendes: „Es scheint irgendetwas in der Arbeit des Schlachtens zu liegen, das die Tendenz zu Härte und Bösartigkeit verstärkt." Außerdem gibt er den beiläufigen Hinweis, dass eine neue sozialistisch-industrielle Republik eine vegetarische sein müsste: „Es hat sich gezeigt, dass Fleisch als Nahrung unnötig ist; und Fleisch ist aufwändiger zu produzieren als pflanzliche Nahrung, weniger angenehm in Zubereitung und Handhabung, und die Gefahr von Verunreinigungen ist höher."

Wir ermuntern unsere Kinder dazu, Tiere gern zu haben und sie in Kartons, Gläsern und Verschlägen zu halten.

Diese Erkenntnisse gab es also bereits 1906! Manche würden sagen, dass wir seitdem nicht viel weiter gekommen sind.

Verantwortungsvoller Konsum

Das Mitleid für Tiere beginnt und endet nicht bei den Tieren selbst, sondern erkennt die grundlegende Einheit allen Lebens an. In der heutigen westlichen Zivilisation ist der Mehrheit der Bevölkerung wahrscheinlich nicht wirklich bewusst, dass Papier aus Bäumen, Leder aus Haut und Fleisch aus lebenden Tieren hergestellt wird.[58] Wenn wir aber beginnen, die Herkunft des Blutes, das für unsere Nahrung vergossen wurde, zu hinterfragen, werden wir auch anfangen, danach zu fragen, wer verhungert ist, während Getreide an unsere Rinder verfüttert wurde, wer in Plantagen und Mühlen für unsere Nahrung und Kleidung gearbeitet hat und wer unter Tage herumkriechen musste, um die Erze abzubauen, aus denen bei uns Schmuck und Nuklearsprengköpfe hergestellt werden. Diese Liste ließe sich endlos fortsetzen. Keine einzige Frage ist wirklich vom Ganzen zu trennen.

Kein Mensch kann sich dem Kreislauf der Ausbeutung, der das Wirtschaftssystem am Laufen hält, entziehen. Durch konsequente Ablehnung tierlicher Produkte, die zumindest in der Ernährung problemlos möglich ist, können wir aber einen gewaltigen Schritt heraus aus diesem Morast tun. Gebildete Menschen in wohlhabenden Ländern fühlen sehr oft ein gewisses Maß an Verantwortung für das ökonomische Gleichgewicht, das ihren relativ luxuriösen Lebensstil unterstützt.* Die Schuldgefühle, die hieraus entstehen, könnten – bewusst oder unbewusst – eine der Ursachen für das allgemeine Unbehagen in unserer Gesellschaft sein. Die gelegentliche Spende eines Bruchteils unseres Einkommens für einen guten Zweck mag in einigen Fällen vielleicht auch einen Bruchteil dieser Schuld tilgen, aber die Entscheidung, vegan zu leben, ist ein konkreter Schritt, einen aktiven Beitrag zur Verbesserung der Verhältnisse zu leisten.

„Es ist außerdem wahr, dass ein Mensch mehr von den Dingen wahrnimmt, wenn er mehr von ihren Ursprüngen weiß; denn ihre Ursprünge sind ein Teil von ihnen, und in der Tat der allerwichtigste.“
– G.K. Chesterton, St Francis of Assisi

* Eine britische Langzeitstudie hat mittlerweile gezeigt, dass die Wahrscheinlichkeit, zu einer vegetarischen Ernährung zu wechseln, mit der Intelligenz korreliert. Je intelligenter ein Kind ist, desto höher die Wahrscheinlichkeit, dass es im Laufe seines Lebens Vegetarier wird.

Außerdem trennen wir uns mit diesem Schritt auf der Vernunftebene von jener Doppelmoral, die einerseits Zuneigung für bestimmte kuschelige oder gefiederte Kreaturen einfordert, andererseits aber die Ernte des Tierleids genießt. Das Leben wird klarer und logischer. Was aber noch wichtiger ist: Wir können durch die Annahme der ökologisch verträglichsten Ernährungsweise das Maß des Abbaus und der Zerstörung von Rohstoffen auf diesem Planeten drastisch reduzieren. Wir alle sind direkt verantwortlich.

Es gibt dieser Tage viele hochgradig prinzipientreue Menschen, die jegliche Produkte der sogenannten Dritten Welt ablehnen, weil im gegenwärtigen System der transnationale Handel automatisch den Erzeuger des Ausgangsproduktes benachteiligt. Andere kaufen diese Produkte nur über Organisationen wie Gepa und Fairtrade, die die Überschüsse wieder an die Kooperativen und Selbsthilfeorganisationen der einfachen Bevölkerung in den Entwicklungsländern zurückführen. Für welchen Weg wir uns als verantwortungsvolle Konsumenten auch entscheiden – indem wir beginnen, vegan zu leben, verringern wir automatisch unseren Bruttokonsum drastisch. Verändern wir unser Konsumverhalten, passt sich die Marktwirtschaft diesem dementsprechend nach und nach an.

Der stärkste Hinderungsgrund, diese Veränderungen anzunehmen, ist aber nicht die mangelnde Logik der Menschen, sondern ihre Gleichgültigkeit. Die meisten Menschen lassen sich nicht wirklich von Tragödien berühren, die sich hinter dem Horizont ihres Heimes oder Arbeitsplatzes abspielen (ebenso wenig wie von der Möglichkeit eines nuklearen Holocaust oder einer durch Menschen gemachten Klimakatastrophe). Weder die vielen Millionen Menschen, die in äußerster Armut leben, noch die stillen Opfer der Tierhaltung nehmen einen besonders hohen Stellenwert in ihrem Gewissen ein. Trotzdem bin ich davon überzeugt, dass ein Fortschritt möglich ist. Alles in allem musste bisher noch jede Reform unserer Gesellschaft, von der Abschaffung der Sklaverei bis hin zur Eröffnung öffentlicher Büchereien oder Abtreibungsberatungsstellen, die heftigsten Widerstände der Mächtigen und die weitverbreitete Gleichgültigkeit der Masse überwinden. Unsere nächste Reform muss buchstäblich bis in die Wurzeln des Volkes greifen.

> *„Niemand macht einen größeren Fehler als derjenige, der nichts tut, weil er glaubt, nur wenig tun zu können.“ – Edmund Burke*

„Bist du nicht Teil der Lösung, bist du Teil des Problems.“

KAPITEL SIEBEN

Fleisch und Krieg

Wie wir gesehen haben, kostet unsere Ernährungsweise die Erde Unmengen von Ressourcen und die Tiere schreckliches Leid. Diese Art der Ernährung ist grundsätzlich nicht gut für uns. Wir gründen unser Leben auf der Tötung von Kreaturen, die sich nicht wehren können, und wir nehmen auf diese Weise Schaden sowohl an unserer Gesundheit als auch an unserer Empfindsamkeit. Der Lohn für diese Gefühllosigkeit gegenüber dem Rest der Schöpfung sind darüber hinaus nicht nur die Verbreitung unheilbarer Krankheiten in den wohlhabenden Ländern, sondern auch die ständigen Kriege, die die Geschichte des Westens grundlegend geprägt haben.

„Solange es Schlachthäuser gibt, wird es auch Schlachtfelder geben."
– Leo Tolstoi

Die ersten Kriege

Wir sind den frugivoren Menschenaffen physiologisch ähnlicher als jedem anderen Tier. Dieser Umstand lässt die Vermutung zu, dass wir – wie sie – in der Vergangenheit friedlich mit anderen Kreaturen zusammenlebten. In den Mythen der meisten Kulturen, einschließlich unserer eigenen, sind Rückstände von Erinnerungen an jene Zeiten zu erkennen. Ich zitiere zwar ungern die Bibel, denn in ihr finden sich Textstellen, anhand derer sich fast alles rechtfertigen lässt und von denen viele noch dazu widersprüchlich sind. Doch ist es von Interesse zu erwähnen, dass unter den ersten Anweisungen, die den Menschen gegeben wurden, einige unsere Ernährung betreffen. Die „Erlaubnis", Fleisch zu essen, die später, nach der Sintflut, gegeben wurde, war mit Sicherheit ein temporärer Notbehelf und galt lediglich für eine Periode, in der es kaum Vegetation gab. Denn die absolut vorrangige, unzweideutige und niemals widerrufene Regel lautet: „Du sollst nicht töten." Darüber hinaus sagt die Bibel: „Macht Euch die Erde un-

„Ich gebe Euch alle Pflanzen der Erde, die Samen hervorbringen, und jeden Baum, der Früchte trägt, die ihrerseits Samen enthalten: Sie sollen Euch als Nahrung dienen."
- 1. Moses 1,29

tertan", was gleichzeitig unsere Pflicht zu bewusstem Umgang und Verantwortung beinhaltet. Viele Kulturen besitzen kollektive Mythen oder Erinnerungen an eine lange schon verlorene Ära des Friedens und der Harmonie mit der Schöpfung. Viele Legenden erzählen von einem *Garten*, der uns Nahrung schenkte. Unser Wort *Paradies* stammt ursprünglich von einem alten persischen Wort ab, das einen umfriedeten Garten bezeichnet.

Hand in Hand mit dem Fleisch-Mythos wurden wir darauf konditioniert zu akzeptieren, dass Gewalt zu einem gewissen Grade natürlich und sogar notwendig sei.

Möglicherweise haben veränderte Umweltbedingungen die Menschen zu „Killern" werden lassen (nur der Flintstein gab den Menschen mit ihren kleinen Zähnen die Macht, wie Löwen Fleisch zu essen), aber dies geschah in einem relativ kurzen evolutionären Zeitraum, so dass jene Rituale und Mechanismen, die die natürlichen Karnivoren davon abhalten, sich gegenseitig zu zerfleischen, sich schlicht und ergreifend nicht mitentwickelten. Und so entstand auch das eigentümliche und fatale menschliche Phänomen der Kriegführung.

Oder vielleicht machte erst das Töten für Nahrung unseren Ahnen Lust, auch aus anderen Gründen zu töten. Die frühe Geschichte dokumentiert jedenfalls Konflikte zwischen den besiedelten Ackerbauregionen Europas und des Nahen Ostens und den eher kriegerischen Nomaden mit ihren Tierherden, die von Norden her angriffen. (Die biblische Geschichte von Kain und Abel ist hierfür ein Paradigma.) Der Bedarf an großen Landflächen für grasende Tiere verursachte die gewaltsame Zerstörung früher Strukturen der Zivilisation. Das englische Wort *war* (Krieg) stammt wahrscheinlich von einem alten arischen Wort ab, das so viel bedeutet wie: Wunsch nach mehr Vieh.[59] Das Wort *cattle* (Rinder) hat die gleiche Ableitung wie *chattel* (bewegliche Habe) und *capital* (Kapital). Innerhalb von 3000 Jahren machten die tierhaltenden Nomadenstämme aus der europäischen Kultur ackerbautreibender Gruppen eine Kultur, in der Land als etwas galt, das zu erobern und auszubeuten ist.[60] Und als der Fleischkonsum mit dem Fortschritt wuchs, erhöhten die Brutalität und Rohheit der Tierschlachtungen möglicherweise die Toleranz der Menschen gegenüber dem Kriegsgeschehen.

Traurig genug, dass diese Verbindung zwischen Fleischkonsum und Gewalt in unserer Gesellschaft geradezu abgesegnet ist. Hand in Hand mit dem Fleisch-Mythos wurden wir darauf konditioniert zu akzeptieren, dass Gewalt zu einem gewissen Grade natürlich und sogar notwendig sei. Soldaten wie Schlachter können populäre und geschätzte Persönlichkeiten des öffentlichen Lebens sein, die in den Augen der meisten Leute das Wesen der „Menschlichkeit" repräsentieren. VegetarierInnen und PazifistInnen hingegen werden gemeinhin als Feiglinge und Schwächlinge betrachtet, die unfähig sind, den Tatsachen des Lebens ins Auge zu sehen und die eine Gefahr für Tugend und Moral der Nation darstellen. In Wirklichkeit aber ist die Geschichte des Pazifismus eine Geschichte von Ausdauer und Mut, und was den Vegetarismus angeht, so gibt es inzwischen vegane Weltklasseathleten, die gängige Meinungen und Behauptungen widerlegt haben.[61]

Nahrung und internationale Verflechtungen

Seit der Zeit, als die Menschen zum ersten Mal um Land kämpften, hat sich der Kreis geschlossen. Nachdem wir in unersättlicher Gier nach mehr und immer mehr Rohstoffen, Nahrung und Öl – die uns als Mittel dienen, die monströse Idee des Wirtschaftswachstums weiter zu nähren – die ursprünglichen Kulturen anderer Nationen nahezu ausgerottet haben, befindet sich die westliche Welt in der Position, Nahrung gleichsam als Waffe zu benutzen. Zur Zeit des verstärkten Auftretens der OPEC in den frühen siebziger Jahren bezeichnete der US-Landwirtschaftsminister Lebensmittel als ein „mächtiges Werkzeug in unserer Ausrüstung für Verhandlungen". Und auf der UN-Generalversammlung von 1974 drohte Präsident Ford geradezu mit dem Gebrauch von Lebensmitteln als Waffe gegen die OPEC-Länder.

Anscheinend hat das Konzept des Welthandels, das sich gleichzeitig mit dem hohen Lebensstandard und höheren Ansprüchen an die Ernährung im Westen entwickelt hat, zu einer Situation geführt, in der die ärmeren Länder – durch die post-kolonialistische Cash-Crop-Wirtschaft ihrer Autarkie beraubt – zu Spielbällen der mächtigsten Institutionen wurden, wie der Weltbank und des IWF. Noch 1974 befand der Welternährungskongress, dass jedes Land in Sachen Ernährung autark sein sollte.

Wie bereits beschrieben, ist der einfachste Weg zur Autarkie, sowohl in den gemäßigten wie auch in den tropischen Zonen, die Ernährung auf Lebensmittel umzustellen, die direkt vom Acker kommen und nicht erst den Umweg über das Tier nehmen. Entwicklungsländer hätten eine sicherere Basis, wenn sie die Möglichkeit hätten, vorrangig und in ausreichender Menge die traditionellen Subsistenz-Feldfrüchte anzubauen statt jener Arten, die auf dem internationalen Markt Geld einbringen. Dass durch die Wirtschaft gute internationale Beziehungen geknüpft werden können, ist ein netter Gedanke, aber die Geschichte zeigt, dass er nicht der Realität entspricht. Würden alle Nationen in ihrer Ernährung Autarkie anstreben, wäre dies eine solide Grundlage für dauerhaften Weltfrieden. Das ist das ultimative Ziel des Veganismus.

Mit diesem Bewusstsein unserer vegetarischen Ursprünge und der Notwendigkeit der Rückkehr zur regionalen Autarkie mag es so aussehen, als wären vegan lebende Menschen mehr als rückschrittlich, und als hätten sie möglicherweise den kindischen Wunsch, in den Garten Eden zurückzukehren. Dem ist aber nicht so. Es gibt kein Zurück, denn wir haben einen großen Teil unserer Umwelt bereits zerstört, und Wachstum und Veränderung sind in jedem Fall Teil allen Lebens. Wir müssen verstärkt geeignete Technologien für Wiederaufforstungsprogramme entwickeln, die notwendig sind, um die Wunden zu heilen, die wir der Schöpfung bereits geschlagen haben.

Wenn wir überleben wollen, ist es an der Zeit, mit dem Anlegen immer größerer Fleisch-, Butter- und Waffenberge aufzuhören.

Bis zu einem gewissen Grad ist Autarkie ein Ideal, das zwangsläufig von vielen alternativen Bewegungen vertreten wurde und wird. Regionale Autarkie und selbstverständlich Autarkie aller Nationen bezüglich der Grundnahrungsmittel könnten ein Beitrag des Veganismus zur weltweiten politischen Stabilität sein. So hat sich auf lokaler Ebene beispielsweise herausgestellt, dass sich mindestens eine vierköpfige Familie (GB) von ca. 1,5 Hektar Land autark mit Nahrung und Energie versorgen kann (nähere Details: Movement for Compassionate Living, siehe Adressen). Das ist weniger als die Menge Landes, die einer Familie zukäme, wenn die gesamte britische Fläche fruchtbarer Böden zu gleichen Teilen unter der gegenwärtigen Bevölkerung aufgeteilt würde

Leider sieht es nicht danach aus, als ob unser Agrarland für Umverteilungen zur Disposition stünde. Programme für Bodenreformen sind nicht Thema dieses Buches, dennoch möchte ich hier erwähnen, dass wir mit Sicherheit weit von einer Situation entfernt sind, in der jede Familie ihre eigene Parzelle besitzt und selbstversorgend lebt. Ich persönlich befürworte dieses Modell auch nicht. Es erscheint mir sinnvoller, Landwirtschaft und Gartenbau auf Gemeinde- statt auf Familienebene zu betreiben, denn nicht alle möchten den Großteil ihrer Zeit auf dem Feld verbringen. Es gibt allerdings härtere Arbeiten, und vegane Kulturen bringen – vor allem im Winter – wesentlich weniger Plackerei mit sich als Tierhaltung. Vielleicht findet sich das Ideal irgendwo zwischen den Zeilen von Fritz Schumachers „kantonisiertem System weitgehend autarker Kommunen“, beschrieben in seinem einflussreichen Buch *Small in Beautiful.* Zuerst einmal sollten wir unsere Regierung dazu bewegen, die regionale Autarkie anzustreben. In der Zwischenzeit können wir die Bauern durch Marktmechanismen dahingehend lenken, dass sie das produzieren, was gut für uns ist.

In einer veganen Zukunft könnten wir Gartenstädte und -dörfer bewohnen, die allen Menschen genügend Erholung und kreative Arbeit bieten. Wiederaufforstungsideale finden sich schon bei Plato, der von glücklicheren Zeiten sprach, als „Attikas Berge noch in Wald gekleidet“ waren. Das ist wahrhaftig kein Hirngespinst, sondern ein Gedanke, der anerkanntermaßen notwendig und auch möglich ist. Wenn wir auch künftig ausreichend Sauerstoff zur Fortsetzung unseres Lebens zur Verfügung haben wollen, können wir es uns ganz einfach nicht leisten, immer mehr Land in Trockengebiete und kahle Hügellandschaften zu verwandeln. Wenn wir überleben wollen, ist es an der Zeit, mit dem Anlegen immer größerer Fleisch-, Butter- und Waffenberge aufzuhören.

Die Zukunft

Ich will die gewaltigen Umwälzungen, die nötig sind, um eine friedliche Zukunft zu schaffen, nicht herunterspielen; dies würde in der Tat mehr erfordern als ein bloßes Einschwenken auf den Veganismus. Letzteres wäre allerdings ein guter und notwendiger Anfang. Wir brauchen massive Veränderungen des gesamten sozioökonomischen Systems, und wir müssen lernen, die Dinge unter völlig neuen Gesichtspunkten zu betrachten.

Bereits mit ca. 2,5 Milliarden Euro ließe sich ein weltweites Projekt finanzieren, in welchem Bürger im Rahmen eines realistischen Wiederaufforstungsprogrammes jedes Jahr einige Milliarden

Bäume pflanzen könnten – 2,5 Milliarden Euro sind annähernd der Preis eines Atom-U-Bootes.[62] Häufig zitierte Statements wie dieses verdeutlichen rein rechnerisch die gewaltige Misswirtschaft, die wir mit den Ressourcen der Erde betreiben. Aber es ist zu einfach, das Problem in Geld auszudrücken, denn so wird suggeriert, dass beispielsweise der Hunger in der Welt von ganz allein gestillt würde, wenn wir nur aufhörten, Gelder in die Rüstung zu stecken. In Wirklichkeit hat erst die schauderhafte Pseudologik der Ökonomen dieses Elend in eine Welt des Überflusses gesetzt. Wir benötigen vor allem neue wirtschaftliche Ansätze zum Umgang mit Ressourcen statt mit Geld. Wir müssen die Menschen wieder mit ihrer Mitwelt in Einklang bringen. Unsere eigentlichen Ressourcen liegen nicht in Goldbarren und „Zukunftsmärkten", sondern im Reichtum des Bodens und der Geschicklichkeit der Menschen.

„Das während der letzten Jahrzehnte immer größer gewordene Mitgefühl für die Tiere wird eines Tages als eine der erstaunlichsten und fruchtbarsten Entwicklungen unserer Zeit erkannt werden." – Kathleen Jannaway

Für diejenigen unter uns, die heute vegan leben, wurde die Pionierarbeit bereits durch jene geleistet, die den Veganismus annahmen oder aufgriffen, lange bevor es ein weites Netzwerk von Geschäften gab, die z.B. Naturkost anbieten, und auch bevor die Forschung Sinn und Vernunft dieser Ernährungsform bestätigt hatte. Wir schulden jenen Menschen Dank, die in der ersten Hälfte dieses Jahrhunderts die Vegan Society ins Leben riefen und das Vegan Journal herausgaben – damals der einzige existierende Leitfaden für Menschen, die sich der veganen Lebensform annähern wollten. Unsere Generation steht in der Tat „auf den Schultern von Riesen", und es ist relativ leicht für uns, diesen wesentlich humaneren Lebensstil anzunehmen, der unter anderem eine gleichmäßige Verteilung der Rohstoffe zum Ziel hat.

Es geht nicht nur darum, dass Tiere auf verschiedene, bizarre und schreckliche Arten leiden. Sogar materiell würde es uns zum Vorteil gereichen, wenn das exzessive und kranke Geschäft mit der Ausbeutung der Tiere ein Ende findet. Darüber hinaus würde es unserem eigenen Fortschritt auf dem Weg zu einer zivilisierteren Lebensgestaltung dienen. Solange die Gesellschaft sich nicht scheut, Tiere am Fließband zu schlachten, Vivisektion zu betreiben oder sich an den mitleiderregenden Possen der Zirkustiere zu ergötzen, wird es weder Gerechtigkeit noch wirklichen Frieden geben. Was mir persönlich an diesen schlimmen Formen des Tiermissbrauchs Sorgen bereitet, ist die Tatsache, dass es nach wie vor Menschen gibt, die bereit und willens sind, sie auszuführen – sie sind vielleicht vom Schlag jener, die die Gaskammern betrieben.

„Die vegetarische Ernährung ist die Feuerprobe der Humanität."
– Leo Tolstoi

Menschen, die sich für den Frieden einsetzen, gleichzeitig aber weiterhin tierliche Produkte verzehren, oder Menschen, die glauben, sie könnten die Frage der Tierrechte außer Acht lassen, sind den Problemen nicht auf den Grund gegangen. Wenn Leute behaupten, sie hätten für Tierrechte keine Zeit, da in dieser Welt die Menschenrechte so häufig verletzt würden, dann frage ich mich, was in aller Welt sie denn 24 Stunden am Tag für die Menschenrechte tun, das sie davon abhält, einfach vegetarisch zu leben. Dies wäre vielleicht der wirkungsvollste Einzelschritt, den sie zur Verbesserung des Lebens sowohl der Tiere als auch der Menschen tun könnten; ein Schritt, der weder einen Mehraufwand an Zeit noch an Geld erfordert.

Viele stimmen hierin mit mir überein, und die Zahlen der Vegetarian Society von 1991 zeigen, dass sich 7% der Bevölkerung (GB) selbst als vegetarisch bezeichnen. Bei Teenagern sind es rund 8%. Im Vergleich zu 1984, als die Zahl auf lediglich 2% geschätzt wurde, bedeutet das einen rapiden Zuwachs.*

Dies ist ermutigend, denn es zeigt, dass das Wachstum der Menschlichkeit das der Wirtschaft übertrifft. Wenn wir den Hunger in der Welt stillen, Finanzprobleme lösen und unserer Gesundheit wirklich etwas Gutes tun wollen, müssen wir das herzlose und absurde Geschäft mit der Ausbeutung der Tiere unterbinden. Dies muss der nächste Schritt nach vorne sein, und aufgrund der absehbaren Erschöpfung der Ressourcen werden wir diesen Schritt wohl oder übel ohnehin bald gehen müssen. Wie viel schöner wäre es, wenn uns nicht furchtbares Elend und schwere Not dazu zwingen würden, sondern wir uns mit erhöhter Sensitivität und Gesundheit

* In Deutschland ergab eine Untersuchung der Gesellschaft für Konsumforschung (GfK) im Jahre 1983, dass sich 0,6 % der Bevölkerung vegetarisch ernähren. Gut 20 Jahre später, im Jahre 2006, kamen drei unabhängige Erhebungen zu dem Ergebnis, dass sich mittlerweile zwischen neun und elf Prozent der Deutschen vegetarisch ernähren. Dies entspricht sieben bis neun Millionen Menschen.

aus eigenem Antrieb für eine gerechtere Verteilung der Erdressourcen, für eine Verbesserung der Umweltbedingungen und, wenn möglich, für ein Ende aller Kriege einsetzen würden.

Wenn sich die vegane Ernährung weiter durchsetzt, und wenn allgemein realisiert wird, dass wir es nicht nötig haben, Tiere für unsere Ernährung zu missbrauchen, wird ein ganzes Sortiment von Neben- und Abfallprodukten der Schlachthöfe aus den Artikeln des täglichen Gebrauches verschwinden (z.B. aus Kleidung, Schuhwerk, Autoreifen, fotografischen Filmen und Kosmetika). Es liegt durchaus im Bereich unserer Möglichkeiten, preiswert Stoffe und Erzeugnisse aus Pflanzen und verschiedenen mineralischen Ressourcen herzustellen, die – anders als die meisten der heutigen synthetischen Stoffe – ökologisch tragbar wären.

„Die Menschen werden erst dann Frieden finden, wenn sie ihr Mitgefühl auf alles Lebende ausgedehnt haben.“
– Albert Schweitzer

Gelingt es uns, die Industriezweige der Tierausbeutung niederzuzwingen, werden sich uns andere Perspektiven auftun, und wir werden ganz und gar damit aufhören, Tiere in irgendeiner Form auszubeuten. Die Vivisektion als Modell für die medizinische Forschung wird dann auch offiziell als Irrweg erkannt werden. Wir werden nie mehr auch nur daran denken, Tiere zu unserer Unterhaltung oder im Sport zu missbrauchen oder gar zu töten. Eine vegane Kulturlandschaft würde große Areale freisetzen, die sich nahezu oder ganz in Wildnis zurückverwandeln würden und in denen sich Tiere und Menschen frei bewegen könnten. Wir könnten sogar annähernd paradiesische Zustände erreichen, weil die Tiere vielleicht einen großen Teil ihrer Scheu vor uns Menschen verlieren würden.[63]

All diese Reformen, die massive Verbesserungen unserer Umwelt mit sich brächten, würden wahrscheinlich und ganz natürlich aus der wichtigsten Prämisse des Veganismus folgen, die besagt, dass Tiere uns nicht als Nahrung dienen sollen.

KAPITEL ACHT

Vegan essen

Die Macht der Gewohnheit

Die Ziele des Veganismus sind in der Tat sehr hoch gesteckt, aber irgendwo müssen wir schließlich anfangen. Dieses Kapitel beginnt bei uns Menschen am Küchentisch, und zwar bereits im frühen Kindesalter.[64] Solange wir noch jung und beeinflussbar sind, schlägt der Mythos, der sich um Fleisch und Milch herum gebildet hat, in unserem Bewusstsein tiefe Wurzeln. Die meisten „Stirb-Langsam"-FleischesserInnen sind nicht willens, von jenem Stoff zu lassen, zu dessen Verzehr die Mütter ihre Zöglinge von klein auf erziehen. Wer wollte schon das heilige Band zwischen Mutter und Kind zerschneiden? Für Kleinkinder ist Fleisch eine unnatürliche Nahrung, und sie besitzen hierfür ein angeborenes Gespür. Aus diesem Grund enthält die kommerzielle Babynahrung eine frappierend lange Reihe von Aromastoffen, um den kindlichen Gaumen zu verführen. Doch nach der kniffligen Entwöhnungsperiode (knifflig ist sie für AllesesserInnen in der Tat) sind die Kleinen dann erfolgreich konditioniert, und einer solchen Prägung ist in der Regel nur schwer beizukommen. Jene Nahrung abzulehnen, die uns unsere Mütter als „Lebenselixier" verabreichten, erscheint uns dann fast als Sakrileg.

Solange wir noch jung und beeinflussbar sind, schlägt der Mythos, der sich um Fleisch und Milch herum gebildet hat, in unserem Bewusstsein tiefe Wurzeln.

Ich selbst allerdings änderte meine Ernährungsweise sofort und ohne jegliche Probleme, abgesehen von gelegentlichen nostalgischen Anwandlungen, nachdem ich mir über den Veganismus erst einmal klar geworden war (wofür ich freilich auch Jahrzehnte gebraucht habe). In meinem Bekanntenkreis haben sich viele Menschen ebenfalls für den Veganismus entschieden. (Wer allerdings einen „empfindlichen Magen" hat, wird wahrscheinlich durch lebenslangen Missbrauch seines Körpers bereits Schäden davongetragen haben und sollte eine Umstellung auf vegane Ernährung nur Schritt für Schritt vornehmen.)

Auch und vielleicht gerade bei Milch kann die lebenslange Gewöhnung ein großes Hindernis für eine Umstellung darstellen. Milchgetränke rufen Erinnerungen an die frühe Kindheit, ja: an die Muttermilch selbst, wach. Jene, die nach Kaffee und Tee mit Milch süchtig sind, verbinden wahrscheinlich mit ihnen unterbewusst die Geborgenheit des Mutterschoßes, doch eigentlich brauchen wir keine weiße Flüssigkeit in unserem Müsli oder unseren Getränken. Milch gehört erst seit vergleichsweise kurzer Zeit zum Big Business, aber die Industrie hat uns dieses Getränk mit ihrer Werbung schnell schmackhaft gemacht. Wer diese Gewohnheit allerdings nicht ablegen kann, kann sich ohne weiteres Sojamilch aus dem Warenregal nehmen.

Es lassen sich unendlich viele wohlschmeckende, farbenfrohe und abwechslungsreiche Mahlzeiten zubereiten, die uns von diesem dumpfen „Fleisch-mit-zwei-Beilagen"-Syndrom wegführen.

Je mehr Menschen Sojamilch kaufen, desto preiswerter wird sie. Noch ist sie leider relativ teuer, unter anderem, weil die Sojabohne mit unfair hohen Verbrauchsteuern belegt ist; aber im Hinblick auf die Belastung von Umwelt und Ressourcen dürfte jeder Liter eigentlich nur ein paar Cent kosten.* Es ist absurd, dass vegan lebende Menschen überhöhte Steuern für Sojaprodukte zahlen müssen, um den Preis für Kuhmilch künstlich niedrig zu halten. Und VeganerInnen mit niedrigem Einkommen können natürlich keinen Vorteil aus den Milchgutscheinen der Sozialhilfe (GB) ziehen. Es ist aber relativ einfach, Milch zum Kochen oder für das Müsli selbst herzustellen: so lassen sich z.B. gemahlene Haferflocken oder Cashewnüsse mit Wasser und etwas Öl vermischen; in säurehaltigem Kaffee oder Tee gerinnen diese Mischungen allerdings.

Kaffee und Tee sind auf den Export ausgerichtete Anbauprodukte (Cash Crops) mit einer langen Geschichte von Unrecht und Ausbeutung, aber da sie eher Genuss- als Nahrungsmittel sind, sollen sie nicht Gegenstand dieses Buches sein (obwohl, zugegebenermaßen, eine Tasse Tee mit einem Schuss Sojamilch ein feines Getränk

---

* Wie weiter oben bereits erwähnt wird in Deutschland Kuhmilch mit 7% versteuert, während pflanzliche Alternativen wie Soja- und Reismilch mit 19% versteuert werden. Nichtsdestoweniger hat sich der Preis für Soja- und Reismilch aufgrund der gestiegenen Nachfrage annähernd halbiert. Die meisten Supermärkte und Discounter haben bereits pflanzliche Alternativen zu Milchprodukten im Sortiment.

ist). Kräutertees, Weine, Fruchtsäfte und einige Biersorten sind als Getränke wesentlich bekömmlicher – nicht zu vergessen natürlich Wasser, das gesündeste und natürlichste aller Getränke. Im Hinblick auf den Nährwert von Kuhmilch habe ich bereits erwähnt, dass wir die nötigen Proteine, Kalzium, Vitamine und Mineralien im Überfluss aus pflanzlicher Kost aufnehmen können, wobei wir gleichzeitig die Risiken gesättigter Fettsäuren und chemischer Rückstände in der Kuhmilch vermeiden. Und wenn wir uns fragen, welche Nahrung natürlich ist, sollten wir dabei bedenken, dass eigentlich das Kochen selbst recht unnatürlich ist und industriell-konservierte Lebensmittel einen kompletten Irrweg darstellen.

Alle Nährstoffe, die wir brauchen, sind in pflanzlicher Kost im Überfluss enthalten. Die Nährwerttabelle im Anhang des Buches könnte beliebig erweitert werden. Mit Kombinationen aus Gemüse, Getreideprodukten, Hülsenfrüchten, Obst und grünblättrigen Salaten lassen sich unendlich viele wohlschmeckende, farbenfrohe und abwechslungsreiche Mahlzeiten zubereiten, die uns von diesem dumpfen „Fleisch-mit-zwei-Beilagen"-Syndrom wegführen. Indem wir ausbrechen aus diesem Kreislauf des Leides und der Ausbeutung, den die Fleischproduktion erzeugt, machen wir auf mehr als einem Gebiet – vor allem aber in der Küche – Schluss mit alten Denkgewohnheiten. Wir müssen nicht, letztendlich nur zum Wohle der Lebensmittelindustrie, Gewohnheitsmenschen bleiben.

Der „Fleisch- und Milch-Mythos" hat die engstirnige Anschauung hervorgebracht, eine „richtige" Mahlzeit bestehe aus Fleisch und seinen Beilagen.

Leute, die vegan kochen, können sich vom herkömmlichen Rezeptgedanken getrost lösen. Anders als die Leibeigenen, die sich die Freiheit erkämpften, nur um am Luxus ihrer Herren teilzuhaben, sollten wir uns von jenen Denkmustern freimachen, die uns durch clevere Vermarktung vorgeben, welche Kleidung wir tragen, was wir trinken und was wir essen sollen. Der „Fleisch- und Milch-Mythos" hat die engstirnige Anschauung hervorgebracht, eine „richtige" Mahlzeit bestehe aus Fleisch und seinen Beilagen. Das hat dazu geführt, dass eine Mahlzeit gleichsam als Pflichtübung betrachtet wird, die gemäß bestimmter Konventionen korrekt zuzubereiten und zu servieren ist, und zwar nach einem Rezept, das in der Regel andere entwickelt haben. Die in den Illustrierten beschriebenen Menüschablonen sind ein erbärmlicher Ersatz für kreatives Kochen, bei dem einfach die vorhandenen Möglichkeiten des Lebensmittelladens um die Ecke, die Gaben des eigenen Gartens und der Inhalt der Speisekammer genutzt werden.

Wer einmal die vegane Lebensweise für sich akzeptiert und umgesetzt und damit die Verantwortung für den eigenen Konsum übernommen hat, wird irgendwann die konventionellen Muster für eine unserer lebenswichtigsten Aktivitäten hinter sich lassen. Haben wir gelernt, was wir zur Aufrechterhaltung unserer Gesundheit zu uns nehmen müssen, und haben wir dann auch herausgefunden, wie die verschiedenen Lebensmittel bei unterschiedlichen Zubereitungsarten schmecken (beides sind sehr ergiebige und interessante Studien für sich), können wir endlich aktiv statt passiv und mit vollem Elan und Fantasie unser Essen zubereiten. Selbstverständlich können auch Rezepte brauchbare Anregungen liefern. Die Quintessenz unserer Befreiung von der Konformität, die den Mythos fördert, ist, einfach zu wissen, was wir tun – Bewusstsein ist alles. Hat sich ein solches Bewusstsein erst einmal herausgebildet, spielen Dinge, wie das genaue Abmessen bestimmter Zutaten, keine entscheidende Rolle mehr, und wir können uns beim Kochen mehr und mehr von der Intuition leiten lassen.

Die Grundzüge veganer Ernährung

Was genau essen wir denn dann? – wirst Du Dich jetzt vielleicht fragen. Wir haben die Auswahl unter einer wahren Vielfalt veganer Speisen und Nahrungsmittel, angefangen bei Rohkost, über Vollwertkost bis hin zu Fertiggerichten und Dosennahrung. Sie alle sind zweifellos preisgünstiger als Fleisch- und Milchprodukte, selbst wenn Du überteuerte Sojamilch und einige Fertiggerichte kaufst.

Lebensmittel, die zusammen gut schmecken, wirken oft auch im Hinblick auf ihre Nährstoffe gut zusammen.

Es steht außer Frage, dass ein veganer Speiseplan weder karg noch langweilig ist. Wenn überhaupt ein Problem existiert, dann liegt es darin, dass sich die westliche Welt hat blenden lassen vom übermäßigen Luxus der Haute Cuisine (Fett und nochmal Fett) und, später, der Cuisine Minceur („Wie kontrolliere ich die Aufnahme von Fett, während ich so viel Fleisch wie möglich esse?“). Die faserstoffreiche, fettarme Diät, die wir nun kennenlernen, ähnelt den traditionellen Ernährungsformen Südeuropas, Indiens, Chinas, Nordafrikas und Südostasiens und umfasst damit einige der feinsten Küchen der Welt. Obwohl wir nicht von heute auf morgen in solche exotischen Höhen gelangen (die Verwendung importierter Lebensmittel sollten wir nach Möglichkeit vermeiden), können wir doch unsere Ideen um fremdländische Anregungen, Kombinationen und Aromen bereichern und dabei Lebensmittel verwenden, die in hiesigen Geschäften und Gärten erhältlich sind.

Wenn Du Dich beim Kochen um Vielfalt und Abwechslungsreichtum bemühst, wirst Du mit fast 100%iger Sicherheit alle Nährstoffe erhalten, die Du brauchst. Lebensmittel, die zusammen gut schmecken, wirken oft auch im Hinblick auf ihre Nährstoffe gut zusammen (synergetisch): z.B. Vitamin C mit Eisen (Orangensaft & Müsli oder Obst & Nüsse), Vitamin D und Öl mit Kalzium (Brot & Margarine), etc.

Wer sich an den Verzehr keimender Samen und Sprossen gewöhnt, wird ernährungsphysiologisch viel davon haben. Stanze Löcher in den Deckel eines dunklen, großen Gefäßes und fülle es zu ca. einem Fünftel mit Mungbohnen, Sojabohnen, Kichererbsen oder Alfalfasaat (Luzerne). Lasse sie ungefähr 24 Stunden in Wasser ziehen, spüle sie danach mehrmals sorgfältig ab und benutze dabei den gestanzten Deckel als Abtropfsieb. Bewahre sie wenn möglich an einem recht warmen Ort auf (z.B. auf der Küchenfensterbank im Sommer). Nach ein paar Tagen werden sie in Salaten oder gedünstetem Gemüse lecker schmecken. Sie sind eine gute und preiswerte Quelle für Vitamin C, Kalzium und Eisen und darüber hinaus leicht verdaulich und bekömmlich, weil die Stärke in den Samen während des Keimprozesses in Zucker umgewandelt wurde.

Nüsse sind sehr nahrhaft und schmecken in vielen verschiedenen Braten und Bratlingen sehr gut, sind allerdings roh gegessen noch nahrhafter. Es ist aber nicht schlimm, wenn Du Nüsse eher selten isst, weil Du sie nicht so gerne magst oder weil sie vielleicht zu teuer sind (übrigens sind auch Nüsse nur aufgrund von Marktzwängen teuer und nicht etwa, weil sie ein seltener Luxus wären). Auch Getreideprodukte, Hülsenfrüchte und Gemüse liefern reichlich Protein. Außerdem gibt es eine große Auswahl von Bohnen und Erbsen, die das Küchenregal bereichern und aus denen sich viele Variationen von Bohnensalaten, Schmorgerichten, Braten und Bratlingen zubereiten lassen. Wasche sie vor der Zubereitung ab, und falls sie Blähungen verursachen, wechsele möglichst beim Kochen das Wasser. Vom gesundheitlichen Standpunkt aus gesehen sind Blähungen kein Grund zur Sorge, sondern absolut natürlich, da der menschliche Verdauungsapparat für Gärungsprozesse konzipiert ist und einesteils Feststoffe, andernteils Gase enthält.

Sojamehl ist sehr nahrhaft und kann fast allen Speisen zugesetzt werden. Durch Einrühren von Sojamehl in Margarine oder Pflanzenöl lässt sich ein veganer „Frischkäse" herstellen, der mit Hefeextrakt oder Kräutern gewürzt werden kann – im Sommer schmeckt mir persönlich gehackter, frischer Schnittlauch besonders gut. In Naturkostläden und Reformhäusern sind diverse Käse-Aufstriche und sogar aus Soja hergestellte Schnittkäsesorten erhältlich. Tofu ist ein hochwertiges Fertiggericht, da er unter allen bekannten Lebensmitteln den höchsten Anteil an Proteinen im Verhältnis zu Energie aufweist. Um einen Käsekuchen zu backen, kannst Du Tofu mit Margarine, Zitrone, Vanille und Zucker mischen. Du kannst ihn aber auch einfach, wie er ist, einer Gemüsepfanne beimischen. Auf den Verpackungen des im Handel erhältlichen Tofu finden sich oft sehr interessante Rezeptvorschläge.

Als Ersatz für Eier kannst Du beim Kuchenbacken 1 TL Pfeilwurzelmehl zum Abbinden, zur Erhöhung des Nährwertes 1 EL Sojamehl und Backpulver als Treibmittel verwenden (für einen leichten Kuchen verwende bitte Öl statt Margarine). Oder nutze einfach eines der vielen veganen Kuchenrezepte, die mittlerweile erhältlich sind.

Noch eine kurze Anmerkung zu den negativen Aspekten herkömmlicher Ernährung: Neben den tierlichen Fetten ist Zucker wahrscheinlich einer der schädlichsten Stoffe, die wir wissentlich konsumieren. Die Gründe seiner Schädlichkeit sind inzwischen allgemein bekannt, und Zucker sollte daher weitestgehend vermieden werden. Der traditionelle englische Pudding entstand in Zeiten, als die ärmeren Familien sich mit Brei sättigen mussten, weil ihr Hauptgericht nicht genügend Energie lieferte. Er sollte daher eigentlich kein Teil einer gesunden Mahlzeit sein – außer vielleicht zu besonderen Anlässen. Auch Salz ist ein Produkt, das kluge Köche inzwischen nur sehr sparsam verwenden, denn in natürlichen Nahrungsmitteln ist der Gehalt an Mineralsalzen perfekt ausbalanciert. Eine zusätzliche Aufnahme von Natriumchlorid stört die Balance der Mineralsalze in unserem Körper – übermäßiger Salzkonsum kann zu Bluthochdruck führen und wird mittlerweile als eine der Ursachen von Herzkrankheiten angesehen.

Ich weiß, dass ich die Frage, was vegan lebende Menschen eigentlich essen, nicht adäquat beantwortet habe. Wenn Menschen mich mit dieser Frage konfrontieren, weil der Verzicht von Fleisch in ihrer Vorstellung eine große Lücke hinterlässt, fällt es mir nicht leicht, ihnen eine zufriedenstellende Antwort zu geben. Ich habe daher einmal zwei Wochen lang jeden Tag aufgeschrieben, was es bei uns zum Mittagessen gab. Das Ergebnis mag vielleicht Anregungen und Ideen für die Zubereitung eigener Mahlzeiten geben. Daran anschließend findet sich eine Liste weiterer Ideen, die meinem eigenen Speiseplan direkt entnommen sind, der sich allerdings von den Speiseplänen anderer VeganerInnen wahrscheinlich stark unterscheidet. Und im Anhang des Buches befindet sich darüber hinaus eine Rubrik „idiotensicherer" Rezepte, mit denen gegebenenfalls ein Anfang gemacht werden könnte.

Mahlzeiten für typische 14 Tage im Sommer

Bohnengulasch mit neuen Kartoffeln und Tomatensalat

Für das Gulasch Zwiebeln, Kräuter und reichlich kleingehackte Paprika in Öl dünsten; pürierte und ganze Tomaten, vegane Gemüsebrühe und andere Zutaten nach Geschmack hinzufügen. Dies ergibt eine reichhaltige Sauce, in der dann gehackte Bohnen auf kleiner Flamme gekocht werden. Den Tomatensalat kräftig mit Knoblauch und reichlich Petersilie würzen. Vegane Brühe besteht aus der Flüssigkeit, die aus gekochtem Gemüse extrahiert wird, oder einfach aus in heißem Wasser verrührtem Gemüseextrakt (Instantbrühe), erhältlich in Naturkostläden und Reformhäusern.

Tomate

Hack mit „Blubber und Quietsch"

Für das Hack werden Zwiebeln mit gewürfelten Gemüseresten gedünstet, Brühe und Sojahack (TVP – texturiertes vegetabiles Protein) oder gehackte Nüsse hinzugefügt und auf kleiner Flamme gekocht. In der Zwischenzeit wird das „Blubber und Quietsch" (Kartoffelmus und Kohl mit Margarine, Salz, Pfeffer und einem Schuss Sojamilch) schön knusprig gebraten.

Kürbis süßsauer mit in Teig frittiertem Mais

Mais in gewürzten Teig geben und löffelweise in heißes Öl tauchen. Die Sauce basiert auf in Gemüsebrühe gedünsteten Zwiebeln und wird mit Tomatenpüree angedickt. Süßsauer wird sie durch Melasse, Sojasauce und Apfelessig – je nach Bedarf. Zum Schluss den Kürbis auf kleiner Flamme in der Sauce kochen.

Sojawürstchen, Pommes frittes und Bohnen

In Reformhäusern und Naturkostläden gibt es eine ganze Reihe verschiedener veganer Würstchen, die sich in vielen Varianten zubereiten lassen. Weil diese Würstchenfertigmischungen relativ teuer sind, strecke ich gewöhnlich die Masse mit gekochten Zwiebeln und verwende das Kochwasser zum Ansetzen der Mischungen. Manchmal füge ich auch Reisreste und Brotkrumen hinzu.

Soja

Nussbratlinge mit Reis, Gemüse in Sauce und Salat

Für die Zubereitung von Nussbratlingen gibt es verschiedene Möglichkeiten, die aber alle aus einer ähnlichen Grundmischung bestehen: gemahlene Nüsse; Kräuter; Haferflocken, Brotkrumen oder Vollkornmehl, um die Teigmenge zu vergrößern; Sojamehl zur Erhöhung des Nährwertes; gehackte, gedünstete Zwiebeln für ein gutes Aroma, und Hefeextrakt als Quelle für Vitamin B_{12} (Zur Geschmacksverbesserung kann jeder aromatischen Sauce zum Ende des Kochvorgangs ein gehäufter Teelöffel davon hinzugefügt werden). Die Haferflocken nehmen das Wasser auf und binden die anderen Zutaten, so dass die Bratlinge nicht auseinanderfallen. Den Teig gut durchkneten, zu Bällchen formen und braten oder backen.

Bohnenbraten mit Chilisauce, Kartoffeln und Salat

Wenn ich im Ofen einen Braten zubereite, backe ich gleichzeitig die Kartoffeln in der oberen Hälfte des Ofens. Relativ schnell lässt sich ein Braten zubereiten, indem Butterbohnen aus der Dose mit Tomaten, Kräutern (z.B. Rosmarin, Basilikum), Öl, gehackten Zwiebeln und etwas Vollkornmehl oder Haferflocken verrührt werden. Und natürlich Hefeextrakt. Diese Masse zu einem Laib formen und im Ofen auf mittlerer Schiene backen, währenddessen ein paar Mal mit Öl oder Margarine bestreichen. Er lässt sich gut mit vorgekochten Zwiebeln und Wurzelgemüse schmoren. Die Sauce besteht aus Zwiebeln, Knoblauch und Tomaten, denen drei feingehackte getrocknete Chilischoten beigemengt werden – was den meisten scharf genug sein dürfte. Dies alles mit einem überwiegend grünen Salat servieren. Ein beliebtes Menü, das ich meinen Gästen gerne anbiete.

Bohnen

Pizza und Salat

Normalerweise bereite ich eine große Menge würzigen Teig zu, der aus weißem selbsttreibendem Mehl (dem ich Weizenkeime und Sojamehl beimische), etwas Öl, Salz und Wasser besteht und den ich in einer gusseisernen Pfanne bei kleiner Hitze backe. Der Belag besteht in der Regel aus gehacktem Gemüse in einer Oreganosauce, die über der Pizza verteilt wird, während die zweite Seite backt (der Pizzaboden sollte mindestens 5 cm dick sein, um drei oder vier Personen zu sättigen). Oliven schmecken hierzu sehr gut.

Eintopf mit Klößen
Zunächst Zwiebeln und Knoblauch dünsten, um zu verhindern, dass der Eintopf später am Pfannenboden anbackt. Zutaten meines Eintopfes sind oft dunkelgrünes Blattgemüse und eine oder mehrere Arten getrocknete Hülsenfrüchte. Kichererbsen, Spinat und Tomaten passen gut zusammen. Kartoffelklöße werden sehr gern gegessen. Klöße lassen sich auch in Obst garen – sie bekommen dann einen süßlichen Geschmack.

Erbsenpüree mit Kartoffeln, Salat und Dressing
Erbsenpüree schmeckt sowohl heiß wie auch kalt sehr gut (Hummus ist die östliche Version davon) und bietet sich als Mittagessen an. Ich selbst serviere es gerne warm mit geschmortem Gemüse und heißer Chilisauce (siehe Rezeptteil). Als Nachtisch würde ich z.B. einen Schokoladenkekskuchen servieren: zerbrochene vegane Kekse, eingerührt in eine Mischung aus geschmolzener Zartbitterschokolade, Margarine, Kakao und veganer Schlagsahne. Im Kühlschrank kaltgestellt und später mit noch mehr veganer Sahne und Mandelsplittern garniert.

Erbsen

Moussaka
Meine Version dieses Gerichtes besteht aus jungen Kartoffeln und Auberginen, geschmort in einer deftigen Kräutersauce aus Tomaten, Zwiebeln und Knoblauch. Gegen Ende der Kochzeit wird helle Sauce darübergegeben. Wenn diese goldbraun und blasig geworden ist, kann das Moussaka serviert werden.

Reisbällchen mit würziger Sauce und Salat
Sehr gut schmeckt gekochter Reis, der zu Bällchen geformt, in Sesam gerollt und dann gebraten wird. Falls die Bällchen nicht zusammenhalten, etwas Mehl hinzufügen.

Pastete mit Bratkartoffeln, Sauce und Salat
Gerne mache ich eine Pastete oder Pastetchen aus Gemüseresten, gemischt mit TVP, Zwiebeln, Hefeextrakt und genug Wasser zum Anfeuchten. Zur gleichen Zeit lassen sich im Ofen sehr gut andere Dinge backen, wie z.B. Kartoffeln. Oder auch Flapjacks, eine Art Pfannkuchen (siehe Rezeptteil), die ich bei fast jeder Gelegenheit im Ofen mitbacke, da sie immer gerne gegessen werden – zur Er-

höhung des Nährwertes enthalten sie zusätzlich Sesam und Korinthen.

Ratatouille

In den meisten Kochbüchern sollte hierfür ein veganes Rezept zu finden sein. Ratatouille schmeckt sehr gut mit ganz frischem Brot und jungen oder gebackenen Kartoffeln.

Curry

Es wäre leicht, ein ganzes Kochbuch mit den verschiedensten Curryrezepten zu füllen. Ich koche beispielsweise gerne einen heißen Dahl (Linsencurry), der ebenso wie der dazugehörige braune Reis etwa eine halbe Stunde braucht, bis er fertig ist.
Frischer Salat wird gerne mit einem heißen Curry gegessen, selbst wenn dieser nur aus gehackten Zwiebeln und/oder Tomaten besteht. Normalerweise serviere ich zu einem Curry gehackte Zwiebeln in Minzsauce.

Weitere Anregungen

(siehe auch Rezeptteil)

Auflauf mit Gehacktem und Kartoffelmus

Gekochtes Gemüse in einer Sauce – beispielsweise das bereits weiter oben beschriebene vegane Hack mit Kartoffelmus und geschmortem Gemüse.

Geschmortes Gemüse

... hat mehr Aroma als Gemüse, das in einem Topf gedünstet wurde.

Chili sine carne (Chili ohne Fleisch)

... , aber mit Bohnen und möglichst TVP, schmeckt sehr gut, wenn es im Ofen bei niedriger Hitze gebacken wurde und mit frischem Brot und einem knackigen Salat serviert wird.

Sauce Bolognese

... für Deine Nudeln kann aus Gemüse gemacht werden, das in einer reichhaltigen Tomatensauce gekocht wird. TVP-Hack kann für den nostalgischen Kick hinzugefügt werden, aber Knoblauch und Oregano allein geben dieser Sauce ihren authentischen Geschmack.

Gefülltes Gemüse

Kartoffeln, Paprika, Kürbisse und große Pilze bieten sich hierzu am besten an. Zum Füllen sind Reis, Nüsse und Brotkrumen oder eine Pastete sehr gut geeignet. Als kleines Extra kann eine schmackhafte Sauce über das gefüllte Gemüse gegeben werden und das Ganze darin geschmort werden, statt es einfach nur zu backen. Ein sehr schmackhaftes, gefülltes Gemüse sind Kohlblätter, die, leicht gekocht, um die Füllung gerollt und in reichlich Tomatensauce geschmort werden.

Pfannkuchen

Süß oder würzig, gefüllt und gerollt oder in mehreren Lagen mit einer Füllung dazwischen.

Pâtés

Linsenpâté, Hummus und Erbsenpüree können auf verschiedenste Weise hierfür verwendet werden, z.B. einfach mit Gemüse und Salat, als Sandwichfüllung, in Pastetchen, Pâté en croute, etc.

Chinesisches Gemüse

Buntes Gemüse, das in Scheiben geschnitten und im Wok kurz in Öl gedünstet wird, bevor es auf den Tisch kommt.

Salate

Lecker schmecken im Salat auch Obst, Nüsse, Hülsenfrüchte oder auch gekochtes Gemüse. So lässt sich ein leckerer grüner Salat leicht aus gekochtem Brokkoli mit Avocadostreifen in einem Essigdressing zubereiten. Außerdem solltest Du versuchen, die verschiedensten Teile einer Pflanze, wie z.B. Wurzeln, Schößlinge, Blätter und Früchte in Dein Essen zu integrieren. Habe Mut zum Abenteuer. Probiere Kombinationen wie Sellerie und Walnüsse, gekochter Reis und Orangenstücke, Äpfel mit Sellerie und Bohnen, und im Sommer natürlich junge Löwenzahnblätter. Wenn zu den Zutaten

Obst

des Salates kein grünes Gemüse gehört, den Salat auf einem Bett grüner Blätter servieren.

Essbare Wildpflanzen

Wer beginnt, sich mit diesem Thema zu beschäftigen, wird erstaunt und fasziniert sein, wie viele der heimischen Wildpflanzen nicht nur essbar, sondern auch wohlschmeckend und nahrhaft sind. Als Beilagen und zum Teil auch als Hauptgericht, können sie unsere Ernährung durchaus bereichern.

Löwenzahn, Gänseblümchen oder Vogelmiere schmecken beispielsweise als Salat oder Salatzutaten ebenso gut wie die Brennnessel, die auch als Suppe oder Tee zubereitet werden kann. (Die meisten Wildkräuter besitzen darüber hinaus auch Heilwirkung.) Auch die Gewöhnliche Gänsedistel ist ein beliebtes Wildgemüse, und der Giersch (auch Geißfuß oder Gichtkraut genannt) lässt sich sowohl roh in Salaten als auch gekocht wie Spinat zubereiten und verwenden.

Giersch

Allerdings sollten alle, die Wildpflanzen in ihre Ernährung integrieren wollen, zunächst sicherstellen, dass sie die Pflanzen richtig bestimmen können, denn in vielen Fällen besteht die Gefahr der Verwechslung mit giftigen Pflanzen. So ähnelt beispielsweise der Giersch, als Angehöriger der Familie der Doldengewächse (Apiaceae), in den Augen eines Laien nicht nur der Wilden Möhre und dem Pastinak, sondern auch dem hochgiftigen (!) Gefleckten Schierling, und die Brennnessel könnte mit der giftigen Pferdenessel verwechselt werden!

Der zweite ausgesprochen wichtige Gesichtspunkt ist der Artenschutz: Zwar kommen alle oben erwähnten essbaren Pflanzen sehr häufig vor, wachsen tatsächlich fast überall und werden vielerorts sogar als lästige „Unkräuter“ angesehen und bekämpft (z.B. Giersch und Brennnessel). Dennoch üben auch sie am jeweiligen Standort wichtige ökologische Funktionen aus. Die Brennnessel ist beispielsweise eine Pionierpflanze, die den Boden für andere Pflanzen vorbereitet, und ist vor allem die Hauptnahrungsquelle einiger Schmetterlingsarten (Kleiner Fuchs, C-Falter, Admiral). Die Pflanzen sollten daher grundsätzlich nur größeren Beständen entnommen, und diese Bestände sollten niemals ganz abgeerntet, sondern lediglich behutsam ausgelichtet werden. Andere Pflanzen sind ebenfalls essbar, kommen aber seltener vor oder stehen sogar auf der Roten

Liste geschützter Arten. Solche Pflanzen dürfen selbstverständlich nicht geerntet werden!

Laien auf diesem Gebiet sollten sich aus den genannten Gründen vor dem Sammeln der Pflanzen die nötigen Fachkenntnisse aneignen und gegebenenfalls auch Fachleute zu Rate ziehen.

Zur richtigen Zubereitung gehört in jedem Fall zunächst gründliches Waschen, da die Pflanzen durch die Exkremente von Wild- oder Haustieren äußerlich mit Krankheitserregern verunreinigt sein können. An Straßenrändern stehende Pflanzen sind in der Regel mit Schwermetallen (z.B. Blei) aus Autoabgasen belastet, die sie über die Blätter aufnehmen, und sollten daher nicht verzehrt werden.

KAPITEL NEUN

Vegane Babys

Ein weiterer Vorteil veganer Lebensweise ist, dass sie uns einige Sorgen zum Thema Kinder erspart (aber auch nur einige!). Da vegan lebende Menschen, im Vergleich zu omnivor lebenden, weitaus weniger Rohstoffe verbrauchen, kann auch das Problem der Überbevölkerung in einem anderen Licht betrachtet werden (trotzdem verbrauchen die Menschen der westlichen Welt – ob vegan oder nicht – nach wie vor wesentlich mehr Rohstoffe als die der armen Welt). Kinder, die auf der Basis einer umsichtigen veganen Ernährung aufwachsen, sind gesund und voller Vitalität.

Der einfache Ansatz

Wir VeganerInnen sind davon überzeugt, dass unsere Ernährung, die tierliche Produkte ausschließt, der „natürlichen" Ernährungsweise der Menschen am nächsten kommt. Wir brauchen sicherlich keinen Mangel an Nährstoffen zu befürchten und haben geeignete und gesunde Nahrungsmittel im Überfluss zur Verfügung. Deshalb geht auch die Entwöhnung veganer Babys leicht und natürlich vonstatten. Ich habe festgestellt, dass viele Probleme der Kleinkindernährung, die ganze Seiten populärer Magazine füllen, sehr oft damit zusammenhängen, dass wohlmeinende Mütter ihren Kleinen gegen deren natürliches Geschmacksempfinden bedenkenlos Produkte aus Fleisch und Kuhmilch reinstopfen.

In unserer modernen Gesellschaft taucht besonders die Kuhmilch in den verschiedensten Lebensmitteln und Getränken immer wieder auf und wird vor allem als Nahrung für Säuglinge und Kinder für besonders geeignet gehalten. Für uns VeganerInnen aber ist Kuhmilch, wie sie heutzutage in Flaschen und Packungen für den menschlichen Konsum angeboten wird, als Lebensmittel völlig inakzeptabel, und wir spüren, dass sie unmöglich ein natürliches Getränk für uns sein kann. Ich habe keinerlei Bedenken, sie meinen Kindern vorzuenthalten; im Gegenteil, ich finde es sogar unsinnig, sie dazu anzuhalten, Kuhmilch zu trinken. Sicherlich findet ein Kind, das nicht mit Kuhmilch entwöhnt wurde, ihren Geschmack abstoßend.

Es ist zwar wahr, dass der Massenkonsum von Milch, ausgelöst durch die Einführung der Schulmilch (wie in GB), bei vielen Kindern Symptome starker Unterernährung (u.a. Rachitis) abschwächte, die zu jener Zeit bei den Kindern der unterprivilegierten Klassen weit verbreitet waren. Aber es ist falsch, hieraus zu schließen, dass Milch der magische Stoff sei, um Unterernährung zu bekämpfen; sie war einfach nur die Nahrung, die sich zu jener Zeit den Politikern und Landwirten (oftmals in Personalunion) zu diesem Zweck am ehesten anbot. Heute, da diese Milch – selbst in orthodoxen Medizinerkreisen – als gesundes Nahrungsmittel diskreditiert ist, ist es bedauerlich, festzustellen, dass sie im Volksglauben noch immer den Ruf hat, sie sei „gut für uns".

Das Hauptproblem veganer Säuglingsernährung liegt nicht darin, dass sie in irgendeiner Form speziell oder aufwändiger wäre, sondern vielmehr darin, dass sie von der heutigen Norm in unserer Gesellschaft abweicht. Die Schwierigkeit liegt also nicht innerhalb, sondern außerhalb der veganen Ernährung, vor allem auch deshalb, weil die meisten Bücher über Baby- und Säuglingsnahrung von einer omnivoren Ernährungsform ausgehen. In der großen Vielfalt heutzutage erhältlicher Säuglingsnahrung befinden sich vegane Nahrungsmittel eindeutig in der Minderheit. Abgesehen davon ist spezielle Babynahrung, wie sie in Gläsern und Dosen angeboten wird, nur ein weiterer Marketingschwindel und keineswegs notwendig. Es ist sehr leicht, ohne sie auszukommen. Dieses Kapitel soll einen groben Umriss davon geben, wie dies zu bewerkstelligen ist.

Das Hauptproblem veganer Säuglingsernährung liegt nicht darin, dass sie in irgendeiner Form speziell oder aufwändiger wäre, sondern vielmehr darin, dass sie von der heutigen Norm in unserer Gesellschaft abweicht.

Babys vegan zu entwöhnen, ist ganz natürlich und absolut unproblematisch. Die wirklichen Probleme entstehen erst später an den Schaufenstern der Fleischerläden und vielleicht am Mittagstisch in der Schule, wenn das aufwachsende Kind realisiert, dass es in einer grausamen Welt lebt. Jede Veganerin, die Schwangerschaft und Stillzeit hinter sich hat, wird sich so weit wie möglich über vegane Ernährung informiert haben. (Auch hierbei ist es natürlich lebenswichtig, dass bei beiden Eltern die Gesundheit vor dem Konzept steht.) Ein praktisches Wissen über Ernährung ist die erste Voraussetzung für die Entwöhnung Deines Babys – genau wie bei omnivor lebenden Menschen. Die zweite ist ein bisschen Einfallsreichtum beim allmählichen Heranführen des Babys an die normalen Mahlzeiten in der Familie, ohne dabei zu viel Extrazeit für die Zubereitung zu benötigen.

Methoden und Moden der Babyfütterung haben sich in diesem Land mehrmals verändert, und das teilweise innerhalb sehr kurzer Zeiträume. Es gibt also keine festen Regeln zur Entwöhnung von Säuglingen, da auch Menschen, wie viele andere Säugetiere, extrem anpassungsfähig sind. Ebenso wenig können wir uns auf der Suche nach dem „natürlichsten" Weg, unser Kind großzuziehen, von den Sitten anderer Kulturen leiten lassen, da es – jeweils in Abhängigkeit von den lokalen Ernährungsweisen und Bräuchen – die unterschiedlichsten Wege gibt. Allgemein gesehen scheint der größte Unterschied zu sein, dass in den nicht industrialisierten Nationen das Stillen wesentlich länger andauert.

Zum allgemeinen Gedankengut in diesem Land scheint mittlerweile die Ansicht zu gehören, dass das Stillen nicht nur wünschenswert, sondern auch existenziell ist[65] (diese Einsicht kommt sehr überraschend, da es jungen Müttern noch vor nicht allzu langer Zeit nur als eine unter anderen Möglichkeiten angeboten wurde), und dass im Alter von sechs Monaten Ergänzungsnahrung eingeführt werden sollte, um vor allem auch zusätzliches Eisen zu geben. Interessanterweise wird auch davon abgeraten, bereits im ersten Jahr Kuhmilch zu verabreichen – eine weitere 180-Grad-Wende der Fachleute! Da die vegane Ernährung viele Facetten hat, gibt es keine allgemeingültige Methode zur Entwöhnung veganer Babys. Sie hängt hauptsächlich vom Speiseplan der Familie ab, denn es geht darum, das neue Familienmitglied an die Ernährungsform heranzuführen, die der Familie liegt. Du solltest aber so viel Zeit wie möglich mit Deinem Kind verbringen und damit, Dich an ihm zu erfreuen, und weniger Zeit mit Essensvorbereitungen oder der Lektüre über Ernährung.

Ernährung des Babys

Es gibt viele ausgezeichnete, leicht erhältliche Bücher über das Stillen, die vor und während der Stillzeit für Dich von Interesse sein könnten und in denen Du für jedes Problem brauchbare Lösungen finden wirst. Die vegane Ernährung versorgt auch die stillende Mutter und ihr Kind mit allem, was sie benötigen. Trotzdem solltest Du sicherstellen, dass Du genügend Vitamin B_{12} zu Dir nimmst, da ein Mangel dieses Vitamins die Entwicklung des Kindes schwer beeinträchtigen kann. Dies ist die einzige Situation, in der ausnahmsweise eine regelmäßige B_{12}-Zufuhr in Form von Zusätzen empfohlen wird. Die übrigen Nährstoffe sind fast immer ausreichend in der Muttermilch vorhanden, und falls Deine Ernährung unzureichend sein sollte, ginge dies sehr viel wahrscheinlicher auf Kosten Deiner eigenen Vitalität, als zu Lasten der Qualität Deiner Milch.

Du wirst feststellen, dass Du mehr als gewöhnlich trinkst. Es wäre also ein guter Zeitpunkt, um verschiedene Kräutertees auszuprobieren (Himbeerblätter sind die klassischen Kräuter für diesen Abschnitt Deines Lebens), weil Drogen wie Koffein und Alkohol in die Milch übergehen. Das Stillen ist alles, was in den ersten Monaten notwendig ist, und das Baby ist der beste Richter über die benötigte Menge und die Häufigkeit der Mahlzeiten. Es ist unmöglich, ein gestilltes Baby zu überfüttern.

Vegane Babynahrung ist übrigens auch auf Sojabasis erhältlich. Überprüfe trotzdem die Zutatenlisten auf tierliches Stearat und Vitamin D_3, das aus Lanolin (Wollwachs) oder Fischöl hergestellt wird (Vitamin D_2 hingegen ist vegan). Gewöhnliche Sojamilch ist brauchbar, wenn das Baby entwöhnt ist und bereit, aus einem Becher zu trinken. Sie ist aber sicherlich nicht als alleinige Säuglingsnahrung ausreichend.

Es ist unmöglich, ein gestilltes Baby zu überfüttern.

Es ist ein bedeutsamer Moment, wenn das Baby zum ersten Mal etwas anderes als die eigene Muttermilch bekommt. Anfangs ist die zusätzliche Fütterung nicht dazu gedacht, das Baby mit Grundnährstoffen zu versorgen, sondern dazu, es an das Essen mit einem Löffel zu gewöhnen. Gute Nahrungsmittel, die während dieser Übergangszeit zunächst gegeben werden können, sind Obst und, vielleicht, Wurzelgemüse. Hierfür geeignet sind Mus aus reifen Bananen, Pfirsiche, leicht gedünstete, gemuste Äpfel, Backpflaumen, Birnen und Aprikosen. Babys mögen oft auch Wurzelgemüse, besonders Möhren, und es ist wahrscheinlich, dass Wurzelgemüse mit wesentlich weniger Chemikalien behandelt wurde als Obst. Anfangs genügen ein paar Löffel gekochtes und durchgeseihtes Gemüse.

Wenn Du herausfinden möchtest, ob Dein Baby aus der Flasche trinken mag, kannst Du ihm Obstbrei und Gemüsesäfte anbieten, wie beispielsweise Apfel/Möhre, verdünnt mit abgekochtem, lauwarmem Wasser, frischem Orangensaft oder dem Saft eingeweichter

Rosinen. Dies ist nicht unbedingt notwendig, sofern Du Dich nicht dazu veranlasst siehst, die Flasche einzusetzen, da Muttermilch alle wichtigen Vitamine und Flüssigkeiten enthält – ein wunderbarer Mechanismus von Angebot und Nachfrage, über den Du Dir nicht die geringsten Sorgen zu machen brauchst.

Oft werden auch feine Getreideflocken als erste Babynahrung empfohlen (vor allem in der Verkaufsliteratur) – glutenfreie Arten wie Babyreis sind gut zum Ausprobieren. Sie können mit etwas Sojamilch und abgekochtem, lauwarmem Wasser oder auch mit Deiner eigenen Milch gemischt werden (sofern Du sie gut ausdrücken kannst). Früher kauten die Mütter die Getreideflocken vor – eine ausgezeichnete Methode, sie für das Baby vorzubereiten, weil die Verdauung von Stärke bereits unter Einwirkung von Speichel im Mund beginnt.

Im Alter von ungefähr sechs Monaten beginnt das Baby höchstwahrscheinlich, feste Nahrung zu erwarten und zu genießen. Während dieser Zeit nähert es sich dem Tagesrhythmus von drei Mahlzeiten und schläft dann möglicherweise bereits die Nächte durch.

Typische Babymahlzeit im Alter von 5-6 Monaten

1 kleine Kartoffel
1/2 Möhre
1 Blatt Kopfsalat oder 1 Zweig Petersilie

Die Zutaten mit warmem Wasser bedecken und auf kleiner Flamme weichkochen; durch ein Sieb drücken (inklusive Kochwasser) und eine Messerspitze Hefeextrakt unterrühren.

Im Alter von sechs Monaten kannst Du Getreideflocken und /oder Obst zum Frühstück anbieten (Du wirst nicht viel davon benötigen, weil Du Dein Baby wahrscheinlich noch stillen wirst, sobald Ihr beide morgens aufwacht), oder später am Tag zwei weitere Mahlzeiten einführen. Der oben genannte Rezeptvorschlag kann zur Mittagszeit zubereitet und zur Hälfte in einer sauberen Tasse für später aufbewahrt werden. Diese Hälfte kann im Wasserbad wieder aufgewärmt werden (niemals Reste aufbewahren). Im Laufe der Zeit können jetzt in kleinen Mengen Hülsenfrüchte eingeführt werden.

Typische Hauptmahlzeit im Alter von 6-7 Monaten

1 kleine Kartoffel
1/2 Möhre
1 kleines Stück Grüngemüse
anderes Gemüse wie Pastinak, Erbsen, etc. nach Bedarf
rote Linsen, gewaschen, nach Bedarf

Die Zutaten mit warmem Wasser bedecken und auf kleiner Flamme weichkochen. Eine Messerspitze Hefeextrakt hinzufügen und alles pürieren oder fein zerhacken. Dies wird jetzt statt des Aussiebens gemacht, weil die Verdauung des Babys im Gegensatz zum früheren Zeitpunkt nun auch die Ballaststoffe verträgt.

Statt der Hülsenfrüchte können gemahlene Nüsse hinzugefügt werden, aber Babys bevorzugen oftmals Erbsen und Linsen. Feine Getreideflocken können unter dieses Püree gemischt werden und zusätzlich auch etwas Tomatenmark, das Babys gerne mögen, und/ oder eine Messerspitze Hefeextrakt.

Im siebten oder achten Monat ist das Baby vielleicht schon bereit, an den normalen Mahlzeiten der Familie teilzunehmen. Ein guter Anfang wäre eine …

Tagessuppe

1 Zwiebel in reichlich Öl andünsten. 2-3 Tassen zerkleinertes Gemüse (Kartoffeln, Möhren, Erbsen, Tomaten, Sellerie, etc. so viel Du benötigst), 1/2 Tasse Linsen oder andere Hülsenfrüchte (vorher eingeweicht und gewaschen) sowie reichlich frische (oder eine Prise getrockneter) Kräuter hinzufügen. Mit genügend Wasser abdecken und auf kleiner Flamme weichkochen.

Ist das Gemüse weich, fülle zwei Portionen für das Baby ab, bevor Du Salz und Pfeffer für den Rest der Familie hinzufügst. Püriere die Babyportionen ganz kurz oder muse sie mit einer Gabel. Das Baby wird nun lernen zu kauen, unabhängig davon, wie viele Zähne es schon hat.

Zu diesem Zeitpunkt können Brotaufstriche statt der Getreideflocken der Babynahrung beigemischt werden, weil das Baby deren Geschmack und Konsistenz eventuell bevorzugt. Wenn das Baby mit Dir am Tisch sitzt, kannst Du ihm Zwieback anbieten. Es gibt mehrere vegane Zwiebacksorten – falls gerade keine zur Hand sind, eignet sich auch getrocknetes Toastbrot.

Nach 7-8 Monaten wird auch Brot mit Margarine und einer Messerspitze Hefeextrakt gerne genommen. Kleine Kinder verbrauchen viel Energie; sie sollten daher bei jeder Mahlzeit die Möglichkeit haben, je nach Wunsch eine zweite Portion zu essen (setze aber bitte kein Essen zwischendurch als Ersatz für Aufmerksamkeit ein).

Während dieser Zeit kann die Tagessuppe, die Du mit Rücksicht auf das Baby zubereitest, in verschiedenen Variationen als Hauptmahlzeit dienen, sofern Du sie nicht als Mittagessen verwendest. Sie kann in ein Curry, ein Gulasch oder eine Bolognese verwandelt, oder aber Soja- oder Nussbratlingen beigemischt werden. Ich fand es sehr hilfreich, einerseits die Zubereitungszeit für das Abendessen zu minimieren, während ich andererseits gleichzeitig zwei Hauptmahlzeiten für das Baby hatte.

Später, während des 9. oder 10. Monats, kann das Baby einige Mahlzeiten mit Dir teilen. Fast jede vegane Speise ist für Babys geeignet. Du kannst sie vielleicht mit etwas heißem Wasser oder Sojamilch einweichen. Falls Du gebratene oder stark gewürzte Speisen hast, belasse es einfach beim Gemüse.

Die Entwöhnung ist ein allmählicher Prozess und sollte nicht durch die Eltern, sondern durch das Baby vollzogen werden. Meiner Meinung nach sollten Babys so lange gestillt werden, wie sie es selbst wollen. Alles in allem sind Babys die einzigen Menschen, die noch eine unverdorbene Intuition dafür besitzen, was gut für sie ist. Wenn Du dem Baby erlaubst, sich selbst zu entwöhnen, wird sich das Stillen wahrscheinlich weit in das zweite Jahr hinein fortsetzen – oft auch noch länger. (Aber zu dieser Zeit macht die feste Nahrung natürlich bereits den Hauptteil der Babynahrung aus, und das Stillen ist nicht mehr so häufig wie bei Säuglingen.)

Die Entwöhnung ist ein allmählicher Prozess und sollte nicht durch die Eltern, sondern durch das Baby vollzogen werden.

Bei der Kinderernährung dürfte es keine Probleme geben, die speziell mit Veganismus in Zusammenhang stehen. Bedenke immer, dass der Proteinbedarf im Verhältnis zum Körpergewicht bei Kindern weitaus größer ist als bei Erwachsenen. Sojagetränke und -nahrung sind aus diesem Grund von unschätzbarem Wert, und die meisten Kinder werden sie mögen, sofern sie in ansprechender Form dargereicht werden – beispielsweise in aromatisierten Getränken, Fruchtcremespeisen oder Sojabratlingen, die allesamt bei Kindern sehr beliebt sind.

Kinderfeste

Kinderfeste sind die Möglichkeit, Deinem Kind einen schönen Tag zur Erinnerung zu bereiten – das Essen wird dabei aber nicht die Haupterinnerung bleiben (es sei denn, es war katastrophal). Trotzdem bieten sich bei Festen natürlich gute Gelegenheiten, attraktive vegane Kost anzubieten. Und in der Tat ist veganes Essen auch generell die am besten geeignete Kost für Partys mit fremden Menschen, weil auf diese Weise niemand vor den Kopf gestoßen werden kann – egal ob koschere, nach islamischen Glaubensrichtlinien zubereitete (halal) oder vegetarische Speisen gewünscht werden. Vegan ist wahrhaftig die universale Grundlinie.

Kinder brauchen Dinge, die sie leicht wiedererkennen und zu denen sie einen Bezug haben; darum ist dies kein guter Zeitpunkt, um die „zuckerfreien Vollkornrezepte" auszuprobieren. Ein einfacher Rührkuchen kann in speziell geformten Blechen gebacken oder aber in ungewöhnlichen Formen aufgeschnitten werden.

Ohne Würstchen auf Spießen ist keine Kinderparty vollkommen, und alle Kinder scheinen die guten veganen Würstchen zu mögen. Heutzutage gibt es sogar schon vegane Wackelpuddinge (die koscheren sind die besten) und vegane Eiscreme zu kaufen. Versuche, für die Kinder viele kleine Dinge zum Knabbern da zu haben – pikante Snacks und Knabberkram, Spieße mit Gurken, Sellerie, Möhren und Tomaten, etc. Stelle viel Obst der Saison bereit, und Du wirst Dich wundern, wie schnell dieses aufgegessen wird. Ältere Kinder schätzen alkoholfreien Punsch aus Fruchtsäften, perlendem Mineralwasser, Fruchtstückchen und Eiswürfeln.

Essen sollte für alle eine Freude sein, und Kinder sollten mit Erinnerungen an fröhliche Mahlzeiten groß werden. Wenn wir es fertig brächten, eine Bewegung großen Maßstabes hin zur veganen Ernährung auszulösen, könnten wir alle bestimmt satt werden, ohne dass unser Glück durch das Wissen getrübt würde, dass wir global gesehen nur eine privilegierte Minderheit sind.

Rezepte

(mit Dank an Dawn Dakin für ihre Schokoladenkuchen- und Flapjack-Rezepte)

Gemüsebraten mit hohem Eiweißgehalt

1 große Zwiebel
60-80 g Pilze
110 g rote Linsen
110 g gemahlene Nüsse
80 g Brotkrumen
1 EL Weizenkeime
Hefeextrakt nach Bedarf
1 EL Sojasauce
1 EL Zitronensaft
2 EL Öl
Gewürze nach Geschmack
1 TL getrocknete Kräuter

Die Linsen gut waschen und weichkochen. Währenddessen die Zwiebeln und Pilze kleinschneiden und im Öl anbraten. Sobald sie zart sind, die restlichen Zutaten hinzufügen und alles gut vermischen. Die Masse dann zu einem Laib formen und mit Öl bestreichen. Auf einem gefetteten Backblech ca. 30 Minuten bei 200°C backen.

Ein mildes Olivenöl eignet sich aus ernährungsphysiologischer Sicht am besten zum Kochen, da sich seine chemische Zusammensetzung im Vergleich zu den meisten anderen herkömmlichen Speiseölen erst bei einer höheren Temperatur verändert. Zur Abwechslung kann eine Lage Tomatenscheiben in die Mitte des Eiweißbratens geschichtet werden. Umrande den Gemüsebraten mit leicht gedünstetem Wurzelgemüse und begieße das Ganze während des Backens ab und zu mit Öl. Nussbraten können später natürlich auch kalt gegessen werden, obwohl Reste eher unwahrscheinlich sind.

Linsen

Kates und Sydneys pikanter Kochpudding

Füllung:

1 kleine Tasse getrocknete Butterbohnen
1 EL Öl
2 Tomaten oder etwas Tomatenpüree
1 Zwiebel, gehackt
4 bis 5 Pilze
1/2 TL gemischte getrocknete Kräuter
1 EL Sojasauce
Pfeffer nach Bedarf

Kruste:

6 gehäufte EL selbsttreibendes Mehl
1 gehäufter EL Weizenkeime
1 gehäufter EL Sojamehl
Prise Salz
3 EL Pflanzenöl
kaltes Wasser

Die Bohnen über Nacht einweichen und dann auf kleiner Flamme ca. 40-45 Minuten weichkochen (oder ersatzweise eine Dose bereits gekochter Butterbohnen verwenden).

Füllung – die Zwiebeln mit den Kräutern in Öl anbraten. Pilze und Tomatenpüree hinzufügen. Wenn alles erhitzt ist, Bohnen, Sojasauce und Gewürze beigeben und das Ganze sieden lassen. Währenddessen die Kruste vorbereiten.

Kruste – Alle Zutaten in einer Schüssel zusammenrühren, wobei sie mit der Hand gemischt und geknetet werden. Kaltes Wasser hinzufügen und alles verrühren, bis ein fester Teig entsteht. Eine 20-cm-Kuchenform leicht fetten und zwei Drittel der Masse gleichmäßig in die Form pressen. Nun die Füllung hineingeben und dann mit dem Rest der Teigmasse einen gleichmäßigen Abschluss formen. Ein kleines Loch in die Mitte des Teigdeckels schneiden. Die Puddingform in einen großen, mit 5 cm kochendem Wasser gefüllten Kochtopf geben und sie mit einem Teller oder einem kleineren Topfdeckel abdecken, um zu verhindern, dass der Teig nass wird. Den großen Kochtopf ebenfalls mit einem Deckel abdecken und alles 35-40 Minuten dämpfen. (Darauf achten, dass immer etwas Wasser im großen Topf ist.)

Pudding

Mit Kartoffeln, Sauce und grünem Gemüse servieren.

Bohnenburger

1 Dose rote Bohnen oder
1 Becher gekochte Bohnen, gut gespült
1 Zwiebel, fein gehackt
1 EL getrocknete Petersilie oder eine gute Handvoll frischer, gehackter Petersilie
1 EL Vollkornmehl
Zitronensaft nach Bedarf
Sojasauce nach Bedarf
2 EL Tomatenpüree
Salz und Pfeffer

Die Bohnen sorgfältig zerstampfen, alle restlichen Zutaten hinzugeben und, wenn nötig, mit ein bisschen Wasser verrühren, bis eine feste Masse entsteht. In flache Bällchen formen und dann in ausreichend Öl braten, bis sie knusprig braun sind.

Mit Pommes frites, Tomaten und Brötchen servieren. Als Nachtisch z.B. ein Fruchtsorbet.

Burger

Selbstgemachte vegane Würstchen

100 g Brotkrumen
100 g fein gehackte Nüsse
100 g gewürztes TVP-Hack
2 EL gemischte Kräuter
1 EL Sojamehl
2 EL Tomatenpüree in einer Tasse heißem Wasser
Hefeextrakt nach Bedarf
1 EL Weizenkeime

Alle Zutaten miteinander verrühren und aus der Masse Würstchen formen. Vor dem Anbraten ein paar Minuten stehen lassen. Hält sich im Kühlschrank bis zu zwei Tage.

Dies ist auch sehr gut als Füllung für große Tomaten geeignet: mit einem Stückchen Margarine obendrauf bei 190°C für 20 Minuten backen.

Gekaufte Fertigmischungen können durch folgende Zutaten ergänzt werden:

- Tomatenpaste
- Knoblauch und Kräuter, fein gehackt
- in Wasser gekochte Zwiebel
- Sesam als Panade zum Braten

Risotto

1 Tasse braunen Reis mit 2 Tassen Wasser 35-40 Minuten kochen, bis das Wasser ganz aufgenommen wurde – oder den Hinweisen auf der Verpackung folgen. Währenddessen die folgenden Zutaten in einer anderen Pfanne auf kleiner Flamme köcheln:

1 gehackte Zwiebel
2 EL Öl
1 aufgeschnittene grüne oder rote Paprika
1 TL Currypulver
Später hinzufügen: gekochten Reis
1 Dose süßen Mais
1/2 Tasse gesalzene Erdnüsse

Alles vermischen. Mit Tomaten, frischem Salat und krustigem Brot servieren.

Pilzgratin

225 g Vollkornbrotkrumen
125 g gemahlene Nüsse
125 g vegane Margarine
1 große Zwiebel
225 g Pilze
225 g Tomaten
Salz und Pfeffer
1 TL getrockneter Majoran oder gemischte Kräuter

Nüsse und Brotkrumen vermischen. Den größten Teil der Margarine schmelzen und darin die Mischung goldbraun anbraten. Zwiebel kleinschneiden und im Rest der Margarine glasig braten. Die restlichen Zutaten hinzugeben und alles 5 Minuten sieden lassen. Eine ofentaugliche Schale leicht fetten und abwechselnd Brotkrumen und Gemüse hineinschichten, dabei mit der Brotmischung jeweils anfangen und abschließen. Bei 190°C 30 Minuten backen. Im Winter mit Gemüse und Sauce, im Sommer mit Salat servieren.

Hot Chili Sauce

1 EL Öl
2-3 getrocknete Chilischoten
1 Zwiebel
1 Knoblauchzehe
1 große (400 g) Dose Tomaten
1/2 TL getrocknete gemischte Kräuter oder Basilikum
Vollkornmehl nach Bedarf
1/2 Tasse Wasser
Sojasauce

Zwiebel und Knoblauch fein hacken und in einem Kochtopf in Öl anbraten. Kräuter und gehackte Chilischoten hinzugeben. Das Mehl in einer Tasse Wasser auflösen, in die Pfanne geben und umrühren. Die mit einem Löffel kleingedrückten Dosentomaten zusammen mit dem Saft hinzufügen. Mindestens 10 Minuten sieden lassen. Mit Sojasauce (statt Salz) abschmecken.

Bei einer Abwandlung hin zu süßsauer kann wie oben verfahren werden, dabei aber die Chilischoten weglassen und stattdessen 1 EL Melasse oder dunklen Sirup verwenden und 1 EL Essig oder Zitronensaft hinzufügen.

Pilz- und Mandel-Quiche

2 EL Sojamehl
100 g gemahlene Mandeln
225 g Brotkrumen
1 TL Hefeextrakt
1 TL getrocknete gemischte Kräuter
Prise Salz und Pfeffer

Für den Boden einen Vollkornteig auf einem Blech oder einem Springformboden ausrollen (es kann auch ein veganer Fertigboden aus dem Supermarkt verwendet werden).

Eine große Zwiebel aufschneiden und in 30 ml Pflanzenöl anbraten, 225 g kleingeschnittene Pilze hinzufügen und für weitere 5 Minuten braten. Von der Platte nehmen und die oben genannten Zutaten beimischen. Die Mischung in den Teig drücken, die Oberfläche glattstreichen und mit den restlichen Brotkrumen bestreuen. Mit ein paar ganzen Mandeln garnieren und bei 190°C 35 Minuten backen.

Quiche

Linsenpâté

220 g Linsen
60 g Brotkrumen oder Haferflocken
1 fein gehackte Zwiebel
2 EL Öl
kräftige Prise getrockneter Salbei
0,3 l Wasser oder Gemüsebrühe
Gewürze

Zwiebel und Salbei in einem Kochtopf in Öl anbraten. Linsen und Wasser oder Brühe hinzugeben. Wenn die Linsen weich sind und die Flüssigkeit absorbiert wurde, von der Platte nehmen und Brotkrumen oder Haferflocken (genug, um die richtige Konsistenz zu bekommen) und Gewürze hinzufügen. Gut mischen und in einer (schönen) Schale abkühlen lassen.

Linsen

Dieses Pâté ist sehr gut für Sandwiches und Pasteten etc. geeignet. Es kann auch zu Bratlingen geformt, in Mehl getaucht und angebraten werden.

Erbsenpüree

1 Tasse getrocknete grüne Erbsen
1 Zwiebel
1-2 EL Öl
1/2 TL getrockneter Salbei oder getrocknete gemischte Kräuter
Salz und Pfeffer

Die Erbsen gut spülen, mit kochendem Wasser bedecken und über Nacht quellen lassen. Tags darauf im Einweichwasser ca. 35 Minuten auf kleiner Flamme weichkochen. In der Zwischenzeit die Zwiebel aufschneiden und mit den Kräutern zusammen in Öl braten, bis sie glasig ist. Die Erbsen musen, hinzufügen, alles gut durchrühren und mit den Gewürzen gut abschmecken.

Zitroniges Bohnendip

Folgende Zutaten miteinander verrühren:

1 große Dose Butterbohnen
1 EL Wasser
Saft und geriebene Schale von 1 kleinen Zitrone
50 g vegane Margarine
1 Knoblauchzehe, zerdrückt
Salz und Pfeffer

Ohne das hinzugefügte Wasser wird dies zu einem Pâté.

Sojaaufstrich

Dieser Aufstrich schmeckt großartig auf Sandwiches und ist billiger als alles, was zurzeit zu diesem Zweck im Handel erhältlich ist.

In Pflanzenöl genug Sojamehl einrühren, um eine streichbare Konsistenz zu erhalten. Für das Aroma Folgendes hinzufügen:

Hefeextrakt, Tomatenpüree, gehackten Schnittlauch oder ein anderes Gewürz nach Wahl, gegebenenfalls gehackte frische Kräuter, Zwiebelpulver, Ketchup, Limonenpickles, etc ....

Dawns unglaublicher Schokoladenkuchen

225 g Vollkornmehl
25 g Kakaopulver
125 g weiche vegane Margarine
140 ml Sojamilch und
140 ml Wasser
50 g Vollrohrzucker
1 EL Sirup
1 TL Natron
2 TL Backpulver

Ofen auf 180°C vorheizen. Mehl, Kakao und Margarine verrühren und zu einem trockenen, krümeligen Teig kneten. Zucker, Backpulver und Natron untermischen. Sojamilch/Wasser-Gemisch und Sirup hinzugeben und alles gründlich durchkneten, aber nicht schlagen. Den Teig in zwei gefettete Sandwich-Backformen geben und 30 Minuten backen, bis der Teig aufgegangen ist und bei Berührung nicht mehr nachgibt. Für 10 Minuten zum Abkühlen in den Formen lassen, dann vorsichtig entfernen und auf einem Blech ganz auskühlen lassen.

Schokolade

Die beiden Kuchenteile mit einer Mischung aus 60 g Margarine, 1 großen EL Sirup und Kakao nach Bedarf zu einem Sandwich zusammenkleben.

Pfannkuchen

6 gehäufte EL selbsttreibendes Weißmehl
1 gehäufter EL Weizenkeime
1 gehäufter EL Sojamehl
Öl nach Bedarf
Prise Salz
Wasser
Öl zum Braten

Alle trockenen Zutaten in eine Schüssel geben und gründlich verrühren. Dann das Öl einrühren und langsam genug Wasser hinzugeben, so dass ein Teig entsteht. Gründlich durchschlagen und langsam mehr Wasser einrühren, bis eine fließende Konsistenz erreicht ist. Den Teig dann 1-2 Stunden stehen lassen.

Pfannkuchen

Die Pfannkuchen in einer schweren Pfanne anbraten, wobei so wenig Öl wie möglich verwendet werden sollte. Den Teig eingießen, wenn das Öl heiß ist. Die Pfannkuchen mit einem Heber wenden. Eine andere Möglichkeit ist, drei kleine Pfannkuchen auf einmal in der Pfanne zu machen – hierbei ist das Wenden wesentlich einfacher.

Mit Zucker, Sirup, Orangen, Zitronen oder als herzhaften Pfannkuchen mit Gemüse und Sprossen nach Chinaart servieren.

Frisches Obstsorbet

Frisches Obst der Saison mit ausreichend Saft kleinpürieren. Ein paar ganze Stücke zum Garnieren zuruckbehalten (Kleiner Tipp: Äpfel oder Bananen oxidieren und werden dunkel, sofern sie nicht mit Zitrone eingerieben werden). Überfrieren lassen.

Ein nettes Dessert, sofern das Hauptmahl keinen großen Salat enthielt.

Obstkuchen

Folgende Zutaten für ein paar Minuten in einem Kochtopf sieden:

1 Becher getrocknetes Obst
1/4 Becher Zucker
1/2 Becher Wasser
Dann Folgendes hinzugeben:
1 Becher selbsttreibendes Mehl
1 EL Öl
1/2 TL Natron
1 EL Sojamehl
1 EL Weizenkeime

Gründlich vermischen. Bei geringer Hitze 45 Minuten backen, bis bei der „Stichprobe" kein Teig mehr hängen bleibt. Dieses Rezept basiert auf einem Rezept aus der Kriegszeit, als Eier selten waren. Ein vollwertigerer Obstkuchen kann mit folgenden Zutaten gebacken werden:

220 g Vollkornmehl
280 g getrocknetes Obst
3 EL Öl
160 ml Wasser

Bei geringer Hitze für ca. 1 1/2 Stunden backen.

Biskuits

150 g Vollkornmehl
1/2 TL Natron
1 TL gemahlener Ingwer
1 großen EL Sirup
50 g vegane Margarine

Die Margarine und den Sirup in einem Kochtopf schmelzen. Dann die trockenen Zutaten hinzugeben. Gut vermischen. In kleine Bällchen formen und mit genügend Abstand zueinander auf ein Backblech legen und mit der Unterseite einer Gabel flachdrücken. Bei 180°C backen, bis sie goldbraun sind. Abkühlen lassen, bevor sie vom Blech genommen werden.

Biskuits

Es ist sehr einfach, leckeres und leichtes brötchenartiges Gebäck und Biskuittörtchen ohne Eier oder Kuhmilch zu backen. Ich verwende immer ein bisschen Sojamehl, um sie nahrhafter zu machen.

Flapjacks (eine Art Pfannkuchen) können ohne weiteres vegan zubereitet werden (dazu entsprechende Rezepte einfach vegan umstellen). Nüsse, Samen, etc. können zur Erhöhung des Nährwertes hinzugefügt werden.

Dawns Mohn-Flapjack

75 g Vollrohrzucker
2 EL goldbrauner Sirup
125 g vegane Margarine
225 g Haferflocken
1 EL Mohn

Ofen auf 180°C vorheizen. Margarine mit Zucker und Sirup verrühren und in einem Topf schmelzen. Haferflocken und Mohn hinzufügen und alles gründlich verrühren. Die Masse in eine flache, gefettete viereckige Form geben und die Oberfläche mit einem Messer glattstreichen. 25-30 Minuten backen, bis die Oberfläche goldbraun ist. In der Form 2 Minuten abkühlen lassen und dann in schmale, fingerlange Streifen schneiden. Völlig auskühlen lassen, bevor sie aus der Form genommen werden.

Mohn

Schnelles Chutney

275 g entsteinte Datteln
275 g Sultaninen
275 g Kochäpfel, geschält und entkernt
275 g Zwiebeln
275 g Vollrohrzucker
0,3 l Essig
1/2 TL Salz
3 EL dunkle Melasse
1/2 TL Pfeffer
1 TL gemahlener Ingwer

Alle festen Zutaten gut mischen und dann die flüssigen Zutaten und Gewürze hinzugeben. In einer großen, leicht bedeckten Schüssel 24 Stunden stehen lassen. Dann in ca. 3-4 große Gläser abfüllen.

Ich bereite das Chutney immer auf diese Weise zu, da ich so Energie spare und nicht die ganze Küche unter Dampf gesetzt wird. Es hält genauso lange – mindestens ein Jahr. Ein weiteres leckeres Chutney

Chutney

kann nach obigem Rezept hergestellt werden, indem zusätzlich die bei der Saftherstellung ausgekochten Holunderbeeren beigemengt werden – sie sind immer noch sehr reich an Mineralien.

Ein Chutney ist eine sehr gute Beilage für einen Nussbraten.*

* Für weitere Rezepte, Tipps und Tricks siehe auch das vegane Rezepteportal *Rezeptefuchs.de*

Nährwertübersicht*

Proteine/Eiweiße

Nüsse (Pistazien, Mandeln und insbes. Paranüsse); Sojabohnen und -produkte, insbes. Tofu; ganzes Getreide; Weizenkeime; getrocknete Erbsen und Bohnen; Bierhefe; Sonnenblumenkerne; Sesam; Kürbiskerne; Avocados; Erdnüsse; Kartoffeln; Spinat; getrocknete Aprikosen

Kohlenhydrate

Brot; Müsli; Hülsenfrüchte; Nüsse; Kartoffeln

Fette

Pflanzliche Öle, insbes. Olivenöl, Soja-, Raps-, Walnuss- und Leinsamenöl; Nüsse; vegane Margarine; verschiedene Gemüse, wie z.B. Avocados

Kalzium

Melasse; Mandeln; Paranüsse; gebackene Bohnen; Tofu; Vollkornbrot; Sonnenblumenkerne; getrocknetes Obst; rote Bete; dunkelgrünes Blattgemüse, insbesondere Spinat; Petersilie; Wasserkresse; Sesam; getrocknete Erbsen und Bohnen; Rüben; Carobpulver; getrocknete Feigen; angereicherte Sojamilch; diverse Samen von Gewürzen; Sojamehl; Haferflocken; Kürbiskerne; essbare Algen

Eisen

Melasse; Haferflocken; Linsen; Hirse; Tofu; dunkelgrünes Blattgemüse, insbesondere Spinat; Petersilie; getrocknetes Obst; Sonnenblumenkerne; Sesam; Sojamehl; Vollkornbrot; Feigen; Aprikosen; Bierhefe; Kleie, Weizenkeime; gebackene Bohnen; Sojabohnen; Mandeln; Paranüsse; Cashewnüsse; Pistazien; Kakao; Haselnüsse; Erbsen; Getreideflocken (Müsli); Kürbiskerne; essbare Algen

Folsäure

Rohes, grünes Blattgemüse; Hefe und Hefeextrakte; Nüsse; ganzes Getreide

---

* Eine große vegane Nährwerttabelle mit über 1650 veganen Lebensmitteln aus dem deutschsprachigen Raum kann auf *vebu.de* heruntergeladen oder bestellt werden.

Vitamin A
Möhren; grünes Gemüse; Tomaten; Birnen; Kopfsalat; Rosenkohl; Erbsen; vegane Margarine; Pfeffer; Spinat; Wasserkresse; Kohl; getrocknete Aprikosen; Backpflaumen; Rüben; Petersilie; Süßkartoffeln; Mangos

B-Vitamine
Alle Getreidesorten; Hülsenfrüchte; Hefeextrakte; Haferschrot; Kartoffeln; Bier; Weizenkeime

Vitamin B_{12}
Hefeextrakte in verschiedenen verarbeiteten Nahrungsmitteln (als Zusatz z.B. in Müslis, Multivitaminsäften u.a. – Zutatenliste prüfen); Tempeh; Miso

Vitamin C
Rohes Obst und Gemüse, insbesondere Hagebutten; schwarze Johannisbeeren; Kohl und alle grünen Gemüsesorten; alle Zitrusfrüchte; grüne Paprika; Mangos; Tomaten; Kiwis

Vitamin D
Sonnenlicht; vegane Margarine; verschiedene angereicherte Nahrungsmittel (Zutatenliste prüfen)

Vitamin E
Vollkornprodukte; Hülsenfrüchte; Pflanzenöle; Weizenkeime; grünes Gemüse; Tofu; Nüsse

Vitamin K
Grünes Gemüse; Hülsenfrüchte; Getreide

Quellenverzeichnis

1. Jeremy Rifkin, *Beyond Beef. The Rise and Fall of the Cattle Culture.* Hrsg.: E. P. Dutton, 1992, USA, zitiert im The Geographical Magazine, Juli 1992.
2. Jon Bennett und Susan George, *The Hunger Machine* (Polity Press, 1987).
3. „Dieses Jahr werden voraussichtlich über £ 25 Millionen (ca. 32 Millionen Euro) für Fleischwerbung und -promotion ausgegeben." – *Meat Trades Journal*, 25. April 1991.
4. F. Wokes, *Plant Foods for Human Nutrition*, 1.32, 1968.
5. W. J. Bray im *New Scientist*, April 1976.
6. J. T. Coppock, *Agricultural Geography.*
7. Bekanntmachung der BBC vom 29. Januar 1992.
8. Zahlen der Oxfam (Oxford Committee for Famine Relief – britische karitative Vereinigung zur Hungerhilfe).
9. J. Rifkin, op. cit.
10. Geoffrey Cannon, *The Politics of Food* (Century, 1988).
11. Caroline Walker and Geoffrey Cannon, *The Food Scandal (Century, 1984).*
12. *Vegan Journal*, Jahrgang 31, Nr. 2.
13. *The Western Morning News*, 16. September 1982.
14. South-Western Water Authority Report, September 1982.
15. Aktenarchiv der National Rivers Authority, 1991.
16. Informationen und Demonstration durch das Centre for Alternative Technology, Machynlleth, Powys SY20 9AZ, U.K.
17. Details der Henry Doubleday Research Association, National Centre for Organic Gardening, Ryton-on-Dunsmore, Coventry CV8 3LG, U.K.
18. Brief der Faculty of Technology, Open University, an K. Jannaway, November 1986. Zu einer vergleichbaren Aussage kommt die Henry Doubleday Research Association: „Ich kenne keinerlei Nährstoffe in tierlichem Dung, die in pflanzlichem Kompost nicht ebenfalls vorkommen."
19. Zahlen der FAO von 1974.
20. Informationsblatt des britischen Landwirtschaftsministeriums.
21. J. H. Kellog, zitiert in Jon Wynne-Tyson, *Food For a Future* (Thorsons 1988)
22. Bei Ploughshares in Glastonbury – 54 Roman Way, Glastonbury, BA6 8AD, U.K.

23. Der Medway-Report, der von der RSPCA gesponsert wurde, wurde von einer Gruppe unterschiedlicher Wissenschaftler erarbeitet und 1979 veröffentlicht. Erhältlich bei der RSPCA, GB.
24. Ein Bericht von Compassion in World Farming – *The Welfare of Farmed Fish*, 1992.
25. P. Wells & M.Jetter, *The Global Consumer* (Gollancz, 1991).
26. J. Bronowski, *The Ascent of Man* (BBC-Veröffentlichung, 1973).
27. In dem Buch *Food For a Future* gibt es einen sehr interessanten Abschnitt über die Gesundheit von Völkern, die traditionell einen hohen Konsum von tierlichen Produkten haben, wie z.B. die Inuit und die Massai.
28. *Diet, Lifestyle and Mortality in China* aus dem New Scientist, Januar 1991. Die Untersuchung zeigt außerdem, dass VegetarierInnen keine Zeichen von Anämie aufzeigen, dass die Häufigkeit von Osteoporose bei VeganerInnen im Bereich des Durchschnitts liegt und dass eine ballaststoffreiche Ernährung die Eisenaufnahme keineswegs hemmt.
29. In meiner Heimatstadt mussten jüngst zwei Kinder für fünf Wochen ins Krankenhaus, nachdem sie unpasteurisierte Milch getrunken hatten. Sie warten nun auf die Entscheidung, ob sie eine Nierentransplantation brauchen.
30. Gill Langley, *Vegan Nutrition*, Vegan Society, 1988.
31. *New Scientist*, August 1992.
32. Gill Langley, op. cit.
33. Jon Wynne-Tyson, op. cit.
34. Gill Langley, op. cit.
35. Alan Lewis, *The Natural Athlete* (Century Publishing, 1984).
36. Gill Langley, op. cit.
37. Gill Langley, op. cit.
38. Jonathan S. Christie, *Food for Vitality* (Bantam Books, 1992).
39. COMA (Committee on Medical Aspects of Food Policy) Bericht über *Dietary Reference Values for Food Energy and Nutrients for the United Kingdom* (HMSO, 1991).
40. Drew Smith im *Guardian*, 17. Juni 1983.
41. Ronald Blythe im *Guardian*, 4. März 1982.
42. Ein Hühnerzüchter, zitiert im *Guardian*, 4. März 1982.
43. Diese Information stammt von der britischen Vegetarian Society.

44. *The Veterinary Record*, 3.Jahrg., Nr. 2, 1982.
45. Dr. J. Pentreath von der National Rivers Authority im *Guardian*, 17. Oktober 1991.
46. *Daily Telegraph*, 10. August 1991.
47. *Independent on Sunday*, 5. September 1993.
48. Die EU hat die Verwendung dieser Droge in der Milchindustrie inzwischen verboten, es gibt aber keine Garantie dafür, dass der Hersteller Monsanto, ein amerikanischer multinationaler Pharmakonzern, den Verkauf dieser Droge nicht wieder durchsetzen kann oder dass sie nicht in anderen Teilen der Welt verwendet wird.
49. BBC Horizon, Mai 1992 – *Fast Life in the Food Chain*.
50. *Farmers Weekly*, 10. Februar 1984.
51. BBC Horizon, Mai 1992.
52. Zitiert aus *The Secret Life of Plants* von Peter Tompkins und Christopher Bird (Penguin, 1975).
53. Zahlen von Animal Aid, GB.
54. Zahlen der RSPCA vom Mai 1989 zeigen, dass täglich 4000 Hunde und Katzen vernichtet werden.
55. *Katz Go Vegan* – erhältlich bei der Vegan Society (siehe Adressen).
56. Das aktuellste und umfassendste Buch zum Thema Zirkus ist *The Rose Tinted Menagerie* von William Johnson (Heretic Books, 1990). Die deutsche Übersetzung *Zauber der Manege?* erschien bei Rasch und Röhring, 1992.
57. Jon Wynne-Tyson, *Food For a Future*; John Bryant, *Fettered Kingdoms*.
58. Bei einer Umfrage von Animal Aid im September 1984 stellte sich heraus, dass sich über 25% der Befragten beim Fleischverzehr nicht darüber klar waren, dass sie gerade ein totes Tier verspeisten.
59. H. Bailey Stevens, zitiert im *Vegan Journal*, 25. Jahrg., Nr. 4.
60. J. Rifkin, op. cit.
61. Zum Beispiel Sally Eastall, Spitzen-Marathonläuferin, Carl Lewis, der Sprintchampion, und Katharine Monbiot, britische Schwergewichtsmeisterin im Armdrücken.
62. World Military and Social Expenditure, 1991.
63. „Unser zukünftiges Überleben hängt von unserer Fähigkeit ab, die Gemeinschaft mit den Tieren wiederzuentdecken.“ Kit Pedler, *The Quest for Gaia*.

64. „Die Menschen hatten niemals die freie Wahl der Ernährungsweise. Mit den besten Absichten führten die Eltern sie in der Jugend auf den Holzweg, und mit wesentlich zweifelhafteren Motiven verführten Industrie und Werbung sie im Erwachsenenalter." N. W. Pirie, *Food Resources Conventional and Novel* (Penguin, 1969).
65. Ein Artikel im *Observer* vom 20. September 1992 präsentiert Forschungsergebnisse angesehener Wissenschaftler, die bestätigen, dass es keine Rezeptformel für Babynahrung und schon gar nicht die Kuhmilch mit der Muttermilch ·aufnehmen kann, wenn es um die Versorgung mit den für eine gesunde Entwicklung des Hirns essenziellen Fettsäuren geht.

Über die Autorin

Als Autorin von *Why vegan* (1985 und 95) ist Kath Clements Veganerin der ersten Stunde. Sie vertritt die Auffassung, dass eine gesteigerte Aufnahme roher Nahrungsmittel unserer Gesundheit zugute kommt und die Zubereitung und der Konsum von Obst, Salaten, Sprossen, Nüssen und Samen eine vollkommen neue und aufregende Erfahrung sein kann. Sie hat sich intensiv mit dem Gedanken der Nahrungsergänzungsmittel beschäftigt und für sich selbst herausgefunden, dass uns eine natürliche Ernährung mit allen nötigen Nährstoffen und Vitaminen versorgt.

Kath Clements besitzt ein Diplom in Ernährungsberatung (VTCT) und ist Fachfrau für Massagen und Reflexzonentherapie.

VEGAN – Eine Bewegung startet durch!

„Nichts ist so stark, wie eine Idee, deren Zeit gekommen ist.“
Victor Hugo

Wenn man den offiziellen Beginn der modernen veganen Bewegung mit der Gründung der Vegan Society im Jahr 1948 ansetzt, sind bis heute genau 60 Jahre vergangen. 2008 ist daher ein gutes Datum, um die aktualisierte Version des Klassikers *Why vegan* auf den Markt zu bringen. Die englische Originalausgabe des vorliegenden Buches erschien 1985 und 1995 in Großbritannien. Seitdem hat sich vieles verändert. Es ist also an der Zeit, die neuen Erkenntnisse und Entwicklungen der letzten zwölf Jahre, die seit dem Erscheinen der deutschen Erstausgabe vergangen sind, zusammenzufassen.

Klima

Es gibt viele Gründe für eine vegane Lebensweise, vor einigen Jahren ist noch einer hinzugekommen. Spätestens mit der Veröffentlichung des Klimaberichts der Vereinten Nationen im Jahre 2006 und dem Erscheinen von Al Gores Film „Eine unbequeme Wahrheit“ hat der Klimawandel auch das Bewusstsein der breiten Bevölkerung erreicht. Und damit auch die Suche nach seinen Ursachen. Neben umweltschädlichen Autos, unnötigen Flugreisen und konventionellen Kohlekraftwerken gerät auch unsere westliche Ernährungsweise immer stärker in die öffentliche Kritik. Was vielen vegan lebenden Menschen schon länger bekannt war, wurde in einer Studie der Welternährungsorganisation der Vereinten Nationen bestätigt: „Die Viehzucht ist ein Hauptfaktor für den Klimawandel, verantwortlich für 18% der Treibhausgasemissionen weltweit (gemessen in CO_2-Äquivalenten). Das ist mehr, als der gesamte Verkehrssektor beiträgt. Sie ist ebenso eine große Quelle für Bodenerosion und Wasserverschmutzung.“*

Einer der Gründe, warum tierische Produkte so schlecht für das Klima sind, liegt in der hohen Treibhauswirksamkeit von Methan

* Food and Agriculture Organization of the United Nations (FAO): „Livestock's Long Shadow“, 2006; siehe: www.fao.org/newsroom/en/news/2006/1000448/index.html

(CH_4) und Lachgas (Distickstoffoxid, N_2O). So ist Methan 25-mal, Lachgas sogar rund 300-mal klimaschädlicher als Kohlendioxid (CO_2).

Die Europäische Union hat auch schon eine Lösung für das Problem: „Essen Sie Gemüse! Die Fleischproduktion ist sowohl CO_2- als auch methanintensiv und erfordert große Mengen Wasser." *

Für den Fall, dass nicht alle Bürger die Stimmen aus Brüssel hören können oder wollen, hat selbst das Bayerische Staatsministerium für Umwelt, Gesundheit und Verbraucherschutz Informationsmaterialien veröffentlicht, in denen es den Bürgern nahe legt, auf klimafreundliche Nahrungsmittel wie Obst und Gemüse umzusteigen und tierische Produkte zu reduzieren bzw. zu meiden.

Doch nicht nur die Politik, auch Organisationen, die bisher nicht für ihre Sympathie für die vegane Lebensweise bekannt waren, treffen mittlerweile klare Aussagen. Das World Watch Institute bringt dies deutlich auf den Punkt: „Fleisch – Nun ist es keine persönliche Angelegenheit mehr! Ob es Ihnen gefällt oder nicht, der Fleischkonsum wird zu einem Problem für alle Menschen auf diesem Planeten." **

Nicht nur Fleisch, auch andere tierliche Produkte stehen in der Kritik. So stellte der WWF Deutschland im Jahre 2007 fest:

„Eine Milchkuh emittiert im Durchschnitt 111,7 kg Methan im Jahr. Umgerechnet in CO_2-Äquivalent entspricht das allein einer jährlichen Fahrleistung von 18.000 km eines von der Politik in der EU propagierten Personenkraftwagens mit einem durchschnittlichen CO_2-Ausstoß von 130 g/km. Rechnet man die von einer Milchkuh durch deren Wirtschaftsdünger emittierten Treibhausgase Methan und Lachgas hinzu, müssten weitere etwa 6.000 km Fahrleistung hinzuaddiert werden." ***

Die Natur- und Artenschutzorganisation Greenpeace geht mittlerweile sogar so weit, den Begriff *vegan* explizit zu verwenden: „Wer zudem seinen Fleischkonsum reduziert, ganz auf Fleisch verzichtet oder sich sogar ohne Milchprodukte und Eier (vegan) ernährt, leistet einen noch größeren Beitrag zum Umweltschutz." ****

Eine Studie des Öko-Instituts vergleicht die Treibhausgasemissionen durch die Erzeugung und Verarbeitung einzelner Lebens-

---

* Siehe: ec.europa.eu/environment/climat/campaign/control/additional_de.htm

** World Watch Magazine, July/August 2004, Volume 17, No. 4

*** Siehe: www.wwf.de/fileadmin/fm-wwf/pdf_neu/Methan_und_Lachgas_Die_vergessenen_Klimagase.pdf#page=16

**** Siehe: www.greenpeace.ch/de/was-kann-ich-tun/besser-leben/essen/

mittel. Rein pflanzliche Lebensmittel schneiden auch hier meist um Längen besser ab als tierliche Produkte (siehe Abbildung).

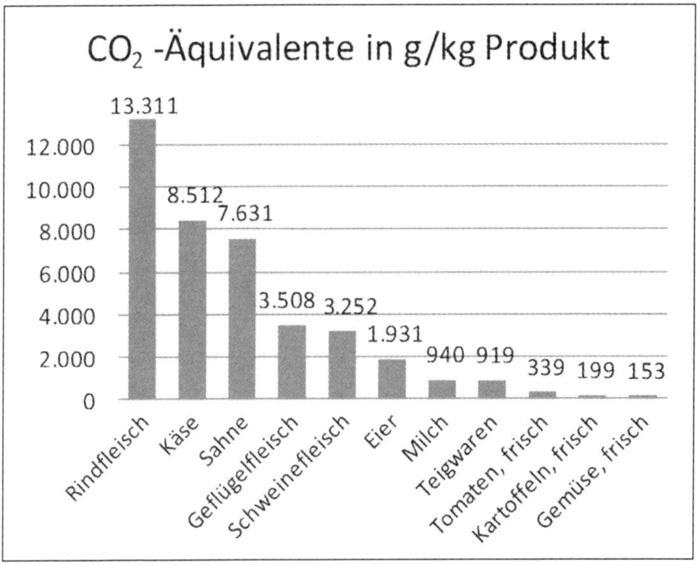

Quelle: Öko-Institut, 2007*

Nachdem in letzter Zeit immer wieder die biologische Landwirtschaft als eine mögliche Antwort auf den Klimawandel angedeutet wird, wurde in einer Studie die Umweltbelastung verschiedener Ernährungsformen mit konventionellen und rein biologischen Produkten verglichen. Das Ergebnis ist eindeutig. Die Umweltbelastung bei rein biologischen Produkten ist jeweils deutlich geringer als bei konventionellen Produkten. Interessant ist auch das Verhältnis zwischen der vegetarischen und veganen Lebensform. Selbst eine konventionelle vegane Ernährungsform ist umweltfreundlicher als eine vegetarische Ernährung mit Produkten aus biologischem Anbau. Somit ist die vegane Lebensform in jedem Fall die umweltfreundlichste (siehe folgende Abbildung).

* „Treibhausgasemissionen durch Erzeugung und Verarbeitung der Lebensmittel“, Öko-Institut e.V., 2007; siehe www.oeko.de/oekodoc/328/2007-011-de.pdf

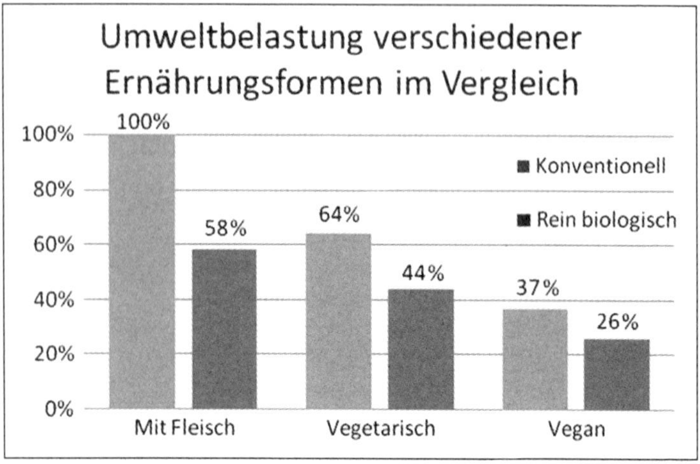

Quelle: European Journal of Clinical Nutrition, 2006*

Welthungerkrise

Neben der Klimakrise werden auch die Folgen der Welthungerkrise immer spürbarer. In Nordafrika, Asien und Lateinamerika demonstrieren verzweifelte Menschen, und in Haiti wurde die erste Regierung aufgrund von Lebensmittelknappheit gestürzt. Man geht davon aus, dass weltweit über 800 Millionen Menschen an qualitativ oder quantitativ unzureichender Nahrung leiden. Die Ursachen für die bedrohliche Nahrungsmittelsituation sind vielseitig. Durch die wachsende Nachfrage nach Biosprit aus Getreide und Raps bleiben immer weniger Agrarflächen für die Nahrungsmittelproduktion übrig, und durch Börsenspekulationen mit Agrarrohstoffen werden die Preise für Nahrungsmittel künstlich in die Höhe getrie-

„Ein Kilogramm Rindfleisch ist verantwortlich für mehr Treibhausgasemissionen und andere Schadstoffe als eine 3-stündige Autofahrt, während man alle Lichter zu Hause brennen lässt.“
New Scientist

* „Evaluating the environmental impact of various dietary patterns combined with different food production systems“, European Journal of Clinical Nutrition, 11.10.2006

** New Scientist, 18.07.2007; siehe: environment.newscientist.com/article/mg 19526134.500

ben. Auch klimabedingte Naturkatastrophen wie Dürren, Unwetter und Überschwemmungen tragen einen Teil der Schuld. Dass diese wiederum selbst durch die Produktion tierlicher Nahrungsmittel begünstigt werden, wurde bereits im vorangegangenen Abschnitt näher erläutert. Aber auch die direkte Nachfrage nach tierlichen Nahrungsmitteln ist mit hauptverantwortlich für die Welthungerkrise. So klagt die auf Welternährung spezialisierte Organisation Brot für die Welt: „Statt Hirse und Kartoffeln für die Bevölkerung werden in Entwicklungsländern oftmals Futtermittel für unsere Tiere angebaut." Der „weltweit steigende Konsum von Fleisch" wird als ein Hauptgrund für die Lebensmittelkrise angeführt.*

„Alle fünf Sekunden verhungert ein Kind unter zehn Jahren. Ein Kind, das an Hunger stirbt, wird ermordet."
Jean-Ziegler, UN-Sonderberichterstatter für das Recht auf Nahrung

Der erhöhte Fleischkonsum trägt laut Schätzungen von Chris-Oliver Schickentanz, Experte für den globalen Getreidehandel, bis zu 90% zu den steigenden Agrarpreisen bei. Steigen die Preise für Lebensmittel, kann sich der ärmere Teil der Weltbevölkerung diese nicht mehr leisten. Die traurige Wahrheit ist, dass die *Nutz*tiere der Reichen die Nahrung der Armen fressen. In Europa bezeichnet man die Herstellung tierlicher Produkte euphemistisch als „Nahrungsmittelveredelung". Dass diese *Veredelung* zu *Verelendung* in ärmeren Teilen unseres Planeten führt, wird dabei verschwiegen. Die Herstellung von Fleisch ist und bleibt die Lebensmittelverschwendung Nummer eins.

Gesundheit

Nicht jeder Mensch lässt sich mit Klima-, Umwelt- oder Welthungerargumenten überzeugen, manche interessiert nur ihr eigenes Wohlbefinden. Zum Glück hat sich jedoch auch im Gesundheitsbereich die Einstellung zur veganen Ernährung grundlegend geändert. Die wohl einflussreichste Veröffentlichung zu diesem Thema stammt von der American Dietetic Association (ADA), mit über 70.000 Mitgliedern eine der weltweit größten Vereinigungen von

---

* Siehe: www.brot-fuer-die-welt.de/ernaehrung/ernaehrungskrise/18_DEU_HTML.php

Ärzten und Ernährungswissenschaftlern. Zusammen mit den Dietitians of Canada (DC) veröffentlichte die ADA im Jahre 2003 ein Positionspapier über vegetarische und vegane Ernährung. Darin heißt es:

„Es ist die Position der Amerikanischen Gesellschaft der Ernährungswissenschaftler (ADA) und des Verbandes kanadischer Ernährungswissenschaftler (DC), dass eine vernünftig geplante vegetarische Kostform gesundheitsförderlich und dem Nährstoffbedarf angemessen ist sowie einen gesundheitlichen Nutzen für Prävention und Behandlung bestimmter Erkrankungen hat."

In Bezug auf vegane Ernährung wird ergänzt:

„Eine gut geplante vegane (...) Ernährung ist für jede Lebensphase geeignet, inklusive während der Schwangerschaft, Stillzeit, Kindheit und in der Pubertät ..."

Die große Bedeutung derartiger Aussagen von anerkannten Stellen wird vor allem deutlich, wenn man bedenkt, dass noch vor wenigen Jahren selbst die vegetarische – geschweige denn die vegane – Ernährung von vielen Ärzten als ungesund beurteilt wurde. Wenn sich in derart kurzer Zeit das Bild der vegetarischen und veganen Ernährungsform so stark zum Positiven gewandelt hat, wird sich diese Entwicklung in Zukunft gewiss noch fortsetzen.

Neben der Medizin und den Ernährungswissenschaften untersuchen mittlerweile auch anderen Disziplinen die vegane Ernährungsform. Die qualitative sowie quantitative Studie von Angela Grube *Vegane Lebensstile* beleuchtet das Thema aus soziologischer Sicht. Darin werden Hintergründe, Motivation, Einstellungen, Konsumverhalten und biografische Erfahrungen von Veganern in Deutschland analysiert und diskutiert. Dass die vegane Bewegung auf dem Vormarsch ist, lässt sich anhand der Studienergebnisse gut erkennen.

Philosophie

In der Philosophie gelingt es der Tierethik immer besser, sich als eigenständige Disziplin zu etablieren. Peter Singer, der 1975 mit seinem Buch *Animal Liberation – Die Befreiung der Tiere* die moderne Tierrechtsbewegung ins Rollen brachte, ist mittlerweile Professor für Bioethik an der renommierten Princeton-Universität. Auch an deutschen Universitäten entstanden mittlerweile mehrere Lehrstühle für Tierschutz. An der Freien Universität Berlin gibt es mit Prof. Dr. Jörg Luy sogar den bundesweit ersten Professor für Tierschutz und Tierethik.

Politik

Spätestens mit der Aufnahme des ethischen Tierschutzes ins Grundgesetz der Bundesrepublik Deutschland im Jahre 2002 hat der Tierschutzgedanke Einzug in die große Politik gefunden. Im Rahmen der sogenannten „Drei-Wort-Lösung" wurde der Art. 20a der deutschen Verfassung um die Worte „und die Tiere" erweitert. Deutschland ist damit das erste Land in der EU, das den Tierschutz in seiner Verfassung verankert hat, wenn auch bisher lediglich als nicht einklagbares Staatsziel.

„Der Staat schützt auch in Verantwortung für die künftigen Generationen die natürlichen Lebensgrundlagen und die Tiere im Rahmen der verfassungsmäßigen Ordnung durch die Gesetzgebung und nach Maßgabe von Gesetz und Recht durch die vollziehende Gewalt und die Rechtsprechung." Grundgesetz (GG), Art 20a

Damit Organisationen im Namen von Tieren auch deren „Rechte" einklagen können, bedarf es allerdings eines Verbandsklagerechts für Tierschutz- bzw. Tierrechtsorganisationen. Naturschutzverbände haben bereits ein Verbandsklagerecht, um gegen Vergehen im Naturschutzbereich vorzugehen. In Bremen wurde nun auch Tierschutzverbänden ein Klagerecht eingeräumt. Es ist also wohl nur eine Frage der Zeit, bis in Deutschland bundesweit auch im Namen von Tieren geklagt werden kann.

Ein weiterer Grund, warum der Tierschutz und Tierrechte international immer mehr Beachtung in der Politik finden, ist die Arbeit auf Parteiebene. In den Niederlanden hat es die Partij voor de Dieren (Partei für die Tiere) bereits ins nationale Parlament geschafft, und in Österreich existiert sogar eine explizite Tier*rechts*partei. Auch in Deutschland gewinnt die Tierschutzpartei zunehmend an Bedeutung und ist mittlerweile in einigen Stadträten vertreten.

Doch nicht nur auf nationaler Ebene, auch auf internationaler Ebene geht es voran. Im Jahr 1999 hat die Europäische Union beschlossen, dass Legebatterien bis zum Jahre 2012 abgeschafft werden. Zwar versucht die Agrarwirtschaft verzweifelt ihre Profite zu schützen, indem sie Käfige als „Kleinvolieren“ oder „Kleingruppen-Haltung“ vermarktet, aber auf Dauer wird ihr das wohl nicht gelingen. In Österreich hat die Politik bereits ein vollständiges Käfigverbot beschlossen. Durch gezielte Kampagnenarbeit ist es sogar gelungen, dass in österreichischen Supermärkten auch keine ausländischen Schaleneier aus Käfighaltung verkauft werden.

Die wohl revolutionärste Errungenschaft der internationalen Tierrechtsbewegung steht jedoch erst kurz bevor. Das von Peter Singer und Paola Cavalieri 1993 ins Leben gerufene Great Ape Project (GAP) hat sich zum Ziel gesetzt, Grundrechte für die großen Menschenaffen durchzusetzen. Großbritannien und Neuseeland haben bereits Schritte unternommen, Große Menschenaffen stärker zu schützen. In Spanien hat nun selbst das Parlament gefordert, dass Menschenaffen bestimmte Grundrechte zugestanden werden sollen, unter anderem das Recht auf Leben. Sollte die spanische Regierung zustimmen, wäre es das erste Mal in der Geschichte, dass nichtmenschlichen Tieren von einer nationalen Regierung Grundrechte verliehen werden.

Organisationen

Die oben genannten Veränderungen sind das Ergebnis vieler engagierter Einzelpersonen und Organisationen. Beide haben in den letzten Jahren stark an Kraft und Einfluss gewonnen. Neue Organisationen und Gruppierungen mit explizitem Fokus auf die Verbreitung der veganen Lebensweise wurden ins Leben gerufen. Hierzu gehören lokale Gruppen wie Berlin-Vegan oder Karlsruhe-Vegan, aber auch größere nationale Gruppen wie Vegan Outreach in den USA, Menschen für Tierrechte oder die Vegane Gesellschaft Österreich. Letztere ist Herausgeber des ersten deutschsprachigen Magazins rund um die vegane Lebensweise, *vegan.at*. Selbst ein regelmäßig erscheinender Podcast mit Newsfeed *Vegan.com* berichtet laufend über die aktuellen Entwicklungen. Neben den vielen neuen Organisationen, die entstehen, werden die bestehenden Organisationen immer größer bzw. wenden sich der veganen Ernährung zu. People for the Ethical Treatment of Animals (PETA), die wohl bekannteste Organisation (Kampagne: „Der Holocaust auf Ihrem Teller“), die sich für eine vegane Lebensweise einsetzt, wurde 1980 gegründet und zählt laut eigenen Angaben mittlerweile über zwei Millionen Mitglieder und Unterstützer. Auch die Mitgliederzahlen des Vegetarierbund Deutschland (VEBU) sind heute so hoch wie nie zuvor seit seiner Gründung im Jahr 1892. Renommierte Tierschutzorganisationen wie die amerikanische Humane Society of the United States (HSUS) und die französische Société protectrice des animaux (SPA) stehen dem Veganismus heute weitaus positiver gegenüber als noch vor wenigen Jahren. Die HSUS – sozusagen das amerikanische Pendant zum Deutschen Tierschutzbund – verteilt mittlerweile Einsteigerbroschüren zum Veganismus, und ihr Vorsitzender ist selbst bekennender Veganer.

Wirtschaft

Ob es uns gefällt oder nicht, die Welt wird heute größtenteils durch die Wirtschaft bestimmt. Da Tiere in der Wirtschaft (bisher) meist nur als Ware bzw. Produktionsmaschinen angesehen werden, richtet sich ihre Behandlung nicht nach ihrem Wohlergehen, sondern nach der Maximierung des Profits. Sinkt zum Beispiel die Milchleistung einer Kuh unter einen gewissen Punkt, sodass es günstiger ist, sie durch eine jüngere Kuh zu ersetzen, kennt die Wirtschaft keinen Grund, dies nicht zu tun. In vielen Fällen hat demnach das Primat der Wirtschaft stark zur Verschlechterung der Lebensbedingungen der sogenannten Nutztiere beigetragen. Dies hat dazu geführt, dass viele vegan lebende Menschen sich gegen die Tierindustrie bzw. gegen die Wirtschaft als solche gewandt haben. Mittlerweile setzt sich jedoch unter Veganern auch immer mehr die Erkenntnis durch, dass die Mechanismen der Wirtschaft durchaus genutzt werden können, um eine bessere Welt zu schaffen. Vegane Unternehmen schießen wie die sprichwörtlichen Pilze aus dem Boden. Allen voran die mittlerweile mehrere Dutzend veganen Versandunternehmen im deutschsprachigen Raum. Diese kaufen ihre Produkte zum großen Teil von veganen Großhändlern wie AVE oder veganbasics. Diese wiederum beziehen Ihre Produkte von einer ebenfalls immer größer werdenden Anzahl von veganen Herstellern.

Aus strategischer Sicht besonders vielversprechend sind die Unternehmen, die nicht nur bereits vegan lebende Menschen erreichen, sondern die durch ihr Angebot dazu beitragen, dass viele „Normal"-Bürger vegane Produkte kaufen. So zieht zum Beispiel Rezeptefuchs.de, ein veganes Rezepteportal, durch seinen attraktiven und professionellen Internetauftritt auch viele Omnivore an und führt sie auf schmackhafte Weise an die fleisch-, milch-, und eifreie Kochkunst heran. Gleichzeitig werden die Besucher mit Hilfe der Banner zusätzlich über vegane Produkte und Hersteller informiert. Auch Catering-Unternehmen wie die aus dem Ruhrgebiet stammende Vegan Fastfood Crew (VFC), catern häufig nicht als vegan geplante Events. Während omnivore Menschen also gezeigt wird, wie schmackhaft die vegane Ernährung sein kann, fließt gleichzeitig Geld von ihnen in die vegane Bewegung. Genau dieses Prinzip verfolgt auch die von größtenteils veganen Gesellschaftern und Investoren gegründete Systemgastronomie Sattgrün in Düsseldorf, deren Kunden zum größten Teil nicht vegetarisch oder vegan leben.

Es lässt sich also ein Paradigmenwechsel innerhalb der veganen Bewegung feststellen. Anstatt sich darauf zu konzentrieren, der Tierindustrie zu schaden, werden verstärkt vegane Unternehmen unterstützt bzw. gegründet. Als weitere erfolgreiche Beispiele können hier die vegane Trendmarke Avenging Animals, die Lebensmittelmarke Vantastic Foods und die vegane Bäckerei Vegan Bakery angeführt werden.

Auch schon länger bestehende Unternehmen wie Alberts Tofuhaus oder Topas werben immer häufiger mit dem Begriff vegan. Kosmetikhersteller wie zum Beispiel Lavera und LUSH deklarieren ihre veganen Produkte dementsprechend.

Um es den vegetarisch und vegan lebenden Kunden möglichst einfach zu machen, werden verstärkt die beiden anerkannten Label für vegetarische und vegane Produkte verwendet: Die Vegan-Blume der britischen Vegan Society und das V-label der European Vegetarian Union (EVU), das es neben drei vegetarischen Varianten (ovo-lacto, lacto, ovo) auch in einer veganen Version gibt.

Der jährliche stattfindende von Jahr zu Jahr größer werdende Veggie-Street-Day in Dortmund ist ein weiteres Zeichen für das Wachstum der Bewegung. Unzählige Organisationen, Unternehmen und Einzelpersonen kommen zusammen und feiern den „Veggie Lifestyle".

Dutzende kleine Initiativen wie die Kontaktportale loveisgreen.org oder vitavegetare.de leisten ihren Beitrag, dass die vegane Bewegung von Tag zu Tag stärker wird.

Wenn man sich vor Augen hält, was sich also allein in den letzten knapp fünfzehn Jahren verändert hat, stellt man fest, dass sich die vegane Lebensweise verglichen mit vielen anderen sozialen Bewegungen der Vergangenheit mit rasanter Geschwindigkeit ausbreitet. Es ist eine aufregende Zeit, sich für eine bessere – weil vegane – Welt einzusetzen. Die Möglichkeiten, sich einzubringen, sind grenzenlos, entdecken wir sie.

Sebastian Zösch

Der Autor lebt und arbeitet in Berlin als Unternehmensberater für Nonprofit-Organisationen. Er ist Stellvertretender Vorsitzender des Vegetarierbund Deutschland e.V. (VEBU).

Literatur (Auswahl)

Vegane/vegetarische Ernährung

Angela Grube: *Vegane Lebensstile;* Ibidem Verlag, 2006

Helmut F. Kaplan: *Leichenschmaus – Ethische Gründe für eine vegetarische Ernährung;* Rowohlt, 1993; www.echoverlag.de

Michael Klaper: *Viva Vegan für Mutter und Kind*; Animal Peace Verlag, 2007

Gill Langley: *Vegane Ernährung;* Echo Verlag, 1999

James A. Peden: *Vegetarische Hunde- und Katzenernährung;* Echo Verlag, 2003

Katharina Petter und Tobias Pohlmann: *Die große vegane Nährwerttabelle*; www.vebushop.de, 2007

John Robbins: *Ernährung für ein neues Jahrtausend;* Hans-Nietsch-Verlag, 2004

Maria Rollinger: *Milch besser nicht;* JOU-Verlag, 2007

Arnold Wiegand: *Vegan + Sport – Vegane Ernährung und Ausdauersport;* BoD GmbH, 2006

Veganissimo Eins – Tierliche Inhaltsstoffe und ihre Alternativen; www.veganbasics.de

Vegane/vegetarische Kochbücher

Susanne Barkawitz: *Vegan genießen;* Pala Verlag, 2005

Inge Braun: *Schmatz – Vegane Hausmannskost für Genießer und Genießerinnen*; VGT Eigenverlag, www.veganbasics.de

Angelika Eckstein: *Vegan backen- Kuchen, Torten & mehr. Vollwertige Rezepte*; Pala Verlag, 2008

Nicola Koch, Ines Teitge-Blaha: *Vegetarisch kochen – thailändisch;* Pala Verlag, 2004

Heike Kügler-Anger: *Cucina vegana: Vegan genießen auf italienische Art;* Pala Verlag, 2008

Heike Kügler-Anger: *Käse veganese – Milchfreie Alternativen zur Käseküche*; Pala Verlag, 2008

Matthias Langwasser: *Vegane Kochkunst*; Regenbogenkreis, 2007

Abla Maalouf-Tamer: *Vegetarisch kochen – libanesisch;* Pala Verlag, 2004

Alexander Nabben: *Kochen und backen mit Tofu;* Pala Verlag, 2005

Ingrid Newkirk: *Die vegane Küche;* Heyne, 1997

Ingrid Newkirk: *Das Beste aus der veganen Küche*; Heyne, 2007

Martina Schulze: *Die Küche des Pythagoras;* EchoVerlag, 2003

Tierrechte

Martin Balluch: *Die Kontinuität des Bewusstseins: Das naturwissenschaftliche Argument für Tierrechte*; Guthmann-Peterson, 2005

Paola Cavalieri: *Die Frage nach den Tieren;* Harald Fischer Verlag, 2002

Helmut F. Kaplan: *Tiere haben Rechte;* Harald Fischer Verlag, 1998

Helmut F. Kaplan: *Tierrechte – Die Philosophie einer Befreiungsbewegung;* Echo Verlag, 2000

Helmut F. Kaplan: *Der Verrat des Menschen an den Tieren*; Vegi-Verlag, 2007

Charles Patterson: *Für die Tiere ist jeden Tag Treblinka – Über die Ursprünge des industrialisierten Tötens;* Zweitausendeins, 2004

Tom Regan: *The Case for Animal Rights;* University of California Press, 1983

Peter Singer: *Animal Liberation – Die Befreiung der Tiere;* Rowohlt, 1996; www.veganbasics.de

Ilona Witten: *Tierliebe und der Blick über den Tellerrand;* EchoVerlag, 2001

Jean-Claude Wolf: *Tierethik;* Harald Fischer Verlag, 2005

Adressen (Auswahl)

Veganismus/Vegetarismus

The Movement for Compassionate Living
105 Cyfyng Road
Ystalyfera
Swansea
SA9 2BT
United Kingdom
www.mclveganway.org.uk/

The Vegan Society
Donald Watson House
21 Hylton Street
Birmingham
B18 6HJ
United Kingdom
www.vegansociety.com

vegane gesellschaft deutschland e.v.
Hauptstadtbüro
Marienstr. 19/20
10117 Berlin-Mitte
info@vegane-gesellschaft.org
www.vegane-gesellschaft.org

Vegetarierbund Deutschland e.V. (VEBU)
Genthiner Straße 48
10785 Berlin
Fon: 030-20050799
Fax: 030-29778050
info@vebu.de
www.vebu.de

Vegane Gesellschaft Österreich
Meidlinger Hauptstraße 63/
TOP6
1120 Wien
Fon: +43/(0)1/929 14 98 8
info@vegan.at
www.vegan.at

Schweizerische Vereinigung für Vegetarismus (SVV)
Niederfeldstr. 92
CH-8408 Winterthur
Fon: +41 (0)71 477 33 77
Fax: 071 477 33 78
svv@vegetarismus.ch
www.vegetarismus.ch
www.swissveg.ch

Vegan-Shops

www.veganz.de
www.vegan-total.de
www.veganic.de
www.veganladen.de
www.alles-vegetarisch.de
www.vegan-wonderland.de
www.hallo-vegan.de
www.veganbasics.de
www.smilefood.de
www.vegetarischerversand.de
www.vekoop.de
www.vegefarm.de
www.clematis-naturkosmetik.de
www.vega-trend.de (Schuhe)

Österreich:
veganversand.at
veganversand-lebensweise.at

Schweiz:
larada.org
vegusto.ch

Tierrechte/Tierschutz
die tierbefreier e.V.
Postfach 15 03 25
44343 Dortmund
Fax: +49 40 380 17 85 46 12
info@die-tierbefreier.de
www.die-tierbefreier.de

Animal Rights Watch e.V.
Hirschbachstraße 57
73431 Aalen
Fon: 07361-9754625
Fax: 07361-9754621
info@ariwa.org
www.ariwa.org

Menschen für Tierrechte Bundesverband der Tierversuchsgegner e.V.
Roermonder Straße 4a
52072 Aachen
Fon: 02 41-15 72 14
Fax: 02 41-15 56 42
info@tierrechte.de
www.tierrechte.de

PETA Deutschland e.V.
Friolzheimer Str. 3a
70499 Stuttgart
Fon: +49 (0) 711-860-591-0
Fax: +49 (0) 711-860-591-111
info@peta.de
www.peta.de

Vier Pfoten – Stiftung für Tierschutz
Schomburgstraße 120
22767 Hamburg
Fon: 040-399 249 0
office@vier-pfoten.de
www.vier-pfoten.de

Deutscher Tierschutzbund e.V.
Bundesgeschäftsstelle
Baumschulallee 15
53115 Bonn
Fon: (0228) 60 49 60
Fax: (0228) 60 49 640
bg@tierschutzbund.de
www.tierschutzbund.de

Gill Langley

Vegane Ernährung

240 Seiten
Paperback
ISBN 978-3-926914-33-0
€ 11,30

Udo Kasper Taubitz

**Karl Klops,
der coole Kuhheld**

Illustrationen von
Annette Jacob-Zube
64 Seiten, gebunden,
durchgehend farbig
ISBN 978-3-926914-55-2
€ 12,90

EchoVerlag